手繪
世界大歷史

洋洋兔 編繪

書　　名	**手繪世界大歷史**
作　　者	洋洋兔
責任編輯	徐昕宇
封面設計	涂慧　黎奇文
版式設計	涂慧　周榮　高向明
校　　對	朱奕妤
出　　版	商務印書館(香港) 有限公司
	香港筲箕灣耀興道 3 號東滙廣場 8 樓
	http://www.commercialpress.com.hk
發　　行	香港聯合書刊物流有限公司
	香港新界大埔汀麗路 36 號中華商務印刷大廈 3 字樓
印　　刷	美雅印刷製本有限公司
	九龍觀塘榮業街 6 號海濱工業大廈 4 樓 A
版　　次	2018 年 12 月第 1 版第 1 次印刷
	© 2018 商務印書館(香港) 有限公司
	ISBN 978 962 07 5805 8
	Printed in Hong Kong

目錄

一本書，萬里路

億萬年前，自地球生命誕生之日起，似乎就注定了世間萬物的不同命運。大陸板塊的漂移將地球表面分割成了不同的生存空間，不同的氣候、地形、環境，孕育了不同的生命，誕生了不同的種族與文明，進而形成了不同的國家，延續了不同的歷史和文化。

你是否曾好奇過，世界各地都生活着甚麼樣的人，說着甚麼樣的語言，吃着甚麼樣的食物，看着甚麼樣的風景呢？世界這麼大，你是否希望擁有一雙翅膀，立刻前往一個與自己生活完全不同的地方呢？

冰封千里的北方國度；熱情似火的熱帶國家；文藝浪漫的西歐街鎮；古色古香的東方小城……就像人有不同的性格一樣，每個國家也擁有自己獨特的靈魂。建築、美食、山河風景、文化藝術、形形色色的人……當你打開這本書，就彷彿站在了通向各個國家的入口，看似遙遠的距離，就在此刻出現了起點。一本圖書，萬里旅程，就讓我們展開這段穿梭於各國之間的超時空之旅，感受不一樣的溫度與色彩吧！

世界地圖

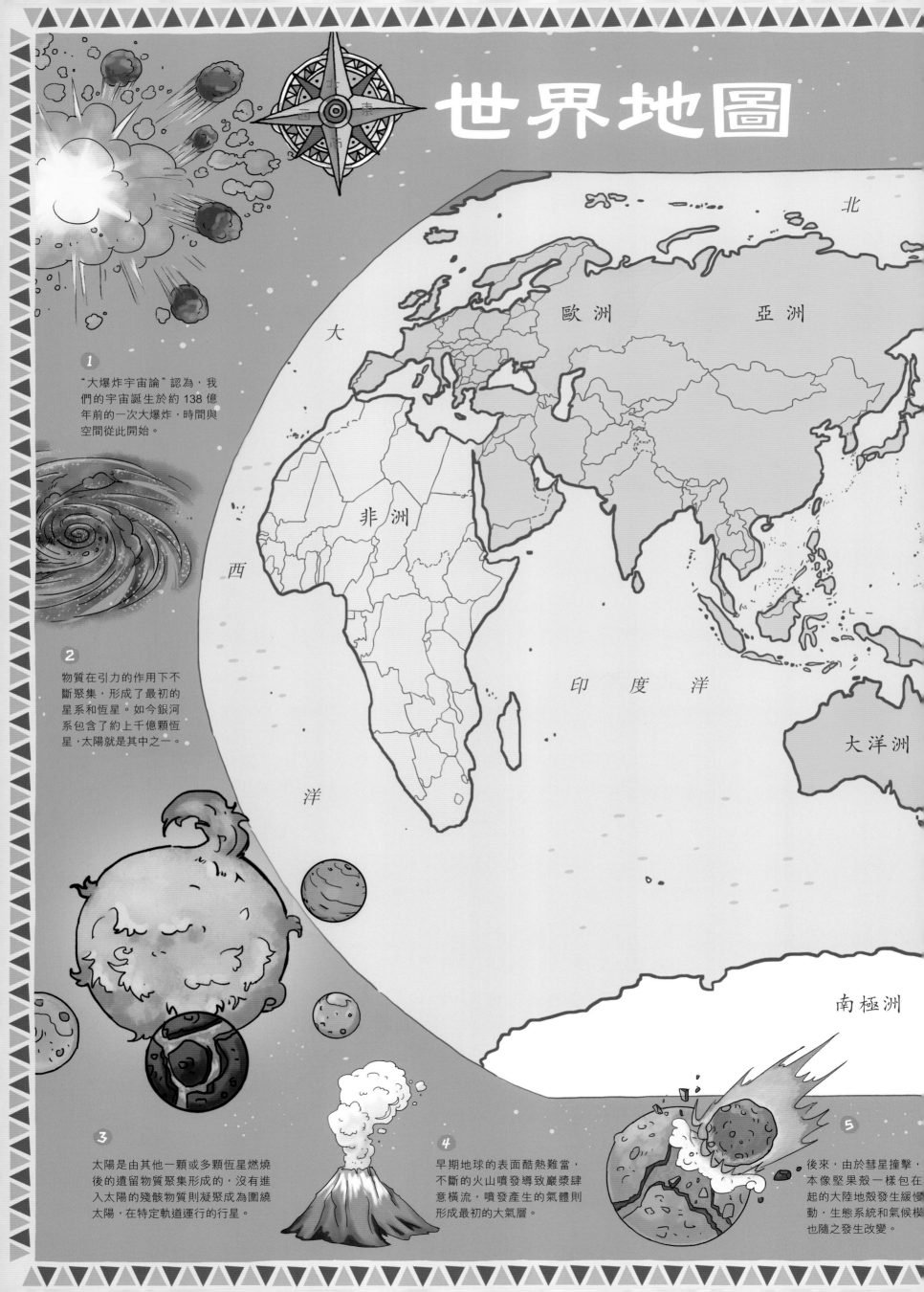

北

歐洲　　　亞洲

大

西

洋

非洲

印度洋

大洋洲

南極洲

1 "大爆炸宇宙論"認為，我們的宇宙誕生於約 138 億年前的一次大爆炸，時間與空間從此開始。

2 物質在引力的作用下不斷聚集，形成了最初的星系和恆星。如今銀河系包含了約上千億顆恆星，太陽就是其中之一。

3 太陽是由其他一顆或多顆恆星燃燒後的遺留物質聚集形成的，沒有進入太陽的殘骸物質則凝聚成為圍繞太陽，在特定軌道運行的行星。

4 早期地球的表面酷熱難當，不斷的火山噴發導致巖漿肆意橫流，噴發產生的氣體則形成最初的大氣層。

5 後來，由於彗星撞擊本像堅果殼一樣包在一起的大陸地殼發生緩慢動，生態系統和氣候模也隨之發生改變。

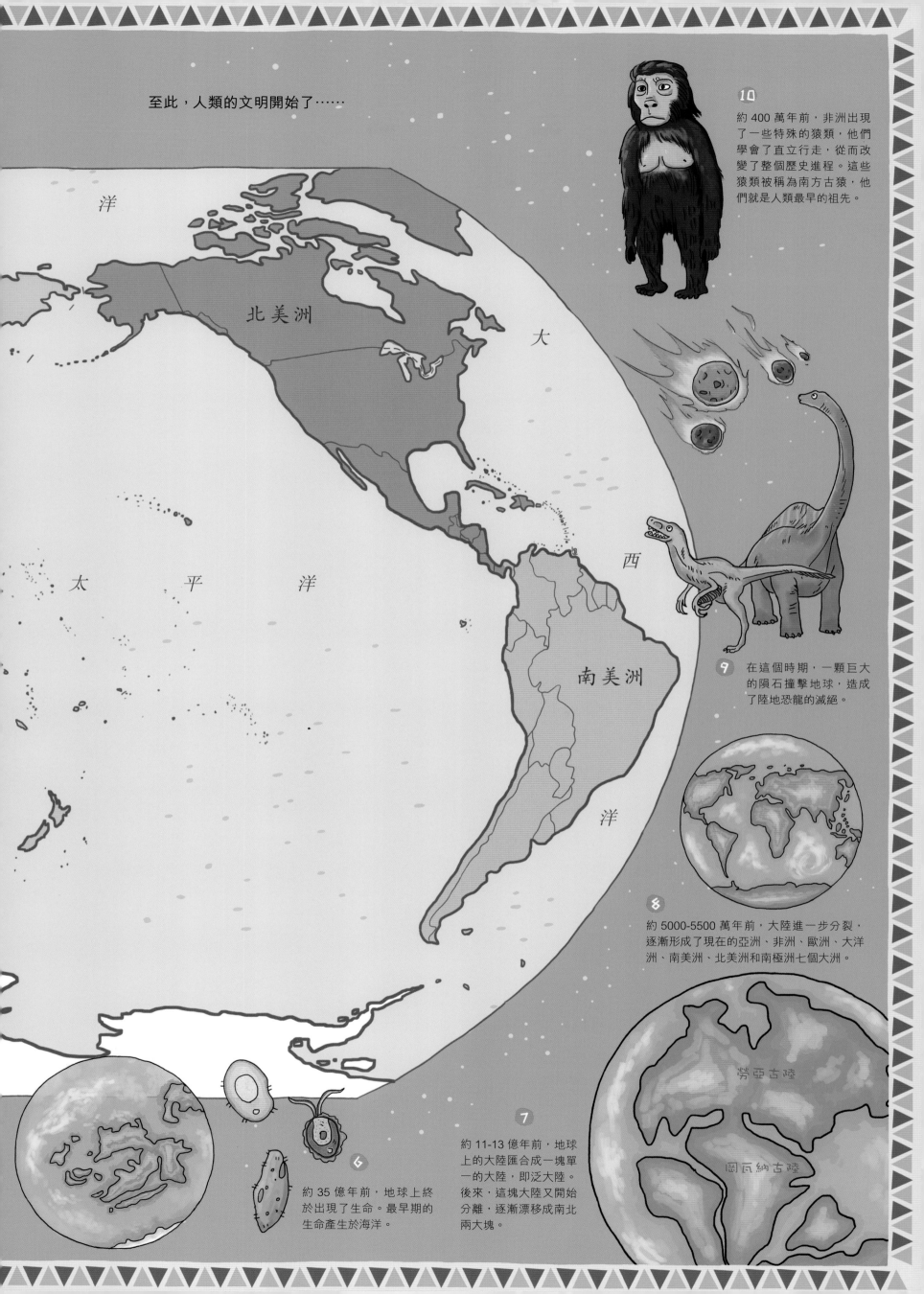

至此，人類的文明開始了……

洋

北美洲

大

西

太　平　洋

南美洲

洋

10 約 400 萬年前，非洲出現了一些特殊的猿類，他們學會了直立行走，從而改變了整個歷史進程。這些猿類被稱為南方古猿，他們就是人類最早的祖先。

9 在這個時期，一顆巨大的隕石撞擊地球，造成了陸地恐龍的滅絕。

8 約 5000-5500 萬年前，大陸進一步分裂，逐漸形成了現在的亞洲、非洲、歐洲、大洋洲、南美洲、北美洲和南極洲七個大洲。

勞亞古陸

岡瓦納古陸

7 約 11-13 億年前，地球上的大陸匯合成一塊單一的大陸，即泛大陸。後來，這塊大陸又開始分離，逐漸漂移成南北兩大塊。

6 約 35 億年前，地球上終於出現了生命。最早期的生命產生於海洋。

亞洲 ASIA

亞洲全稱"亞細亞洲"，意思是"太陽升起的地方"。亞洲面積4400萬平方千米，是世界上面積最大的大洲，有43.5億人口，約佔世界總人口的59.86%，其中大部分為黃色人種。這裏大大小小1000多個民族創造了豐富燦爛的文化，世界四大文明古國中的中國、古印度和古巴比倫都位於這片大陸，世界三大宗教佛教、伊斯蘭教和基督教也起源於亞洲。

亞洲共有48個國家和地區，各國經濟發展極不平衡，各個國家和地區的政體也非常複雜，但這並不影響彼此間的交流與合作，如今多個區域合作組織已在亞洲成立。

古巴比倫

古巴比倫是世界四大文明古國之一，位於兩河流域的美索不達米亞平原，大致在現在的伊拉克國境內。距今約5000多年前，這裏的人就建立了國家。公元前18世紀，這裏出現了古巴比倫王國，古巴比倫王國修建了宏偉的古城，並頒佈了世界上第一部成文法典——《漢謨拉比法典》。

古印度

古印度是世界四大文明古國之一。約公元前2300年，印度河流域產生了以哈拉巴為代表的繁榮的城市文明。哈拉巴和摩亨佐·達羅是當時兩座最重要的城市，城內不僅居住着數萬人，建有宏大的宮殿、寺廟，還有公共浴池和先進的排水系統。後來這個文明神秘地消失了，至今原因不明。

非 洲

北 冰

歐 洲

地 中 海

黑 海

里 海

紅 海

安卡拉
土耳其
尼科西亞
塞浦路斯
貝魯特
黎巴嫩
巴勒斯坦
以色列
安曼
埃及
約旦
格魯吉亞
第比利斯
亞美尼亞
埃里溫
阿塞拜疆
巴庫
敍利亞
大馬士革
巴格達
伊拉克
科威特城
科威特
利雅得
沙特阿拉伯
麥納麥
巴林
卡塔爾
多哈
阿布扎比
阿拉伯
聯合首長國
薩那
也門
亞丁灣
索科特拉島
(也門)
阿曼
馬斯喀特
阿曼灣

阿斯塔納
哈薩克斯坦
烏茲別克斯坦
土庫曼斯坦
阿什哈巴德
比什凱克
吉爾吉斯斯坦
塔什干
杜尚別
塔吉克斯坦
德黑蘭
伊朗
阿富汗
喀布爾
伊斯蘭堡
巴基斯坦
新德里
印度

波斯灣
阿拉伯海

阿明迪維群島
(印度)
拉克沙群島
(印度)
科倫坡
斯里蘭卡
馬累
馬爾代夫
馬爾代夫群島
查戈斯群島

印 度

額
爾
齊

海　洋

楚科奇海

弗蘭格爾島

東西伯利亞海

新西伯利亞群島

北地群島

拉普捷夫海

葉尼塞河

勒拿河

俄羅斯

白令海

鄂霍次克海

太

阿穆爾河

黑龍江

烏蘭巴托

蒙古

日本海

日本

東京

朝鮮

平壤

首爾

韓國

北京

渤海

黃河

黃海

中國

長江

東海

琉球群島

赤尾嶼

釣魚島

台灣海峽

平

洋

中國

中國是世界四大文明古國之一。約 4000 年前，在黃河流域東部形成的華夏文明是中國文明的源頭。中國有文字記載的歷史最早可以追溯到 3000 年前的商周時期，那時中原地區不僅形成了以華夏族為主體的統一國家，有着發達的青銅器製作技術，還誕生了中國最早的文字——甲骨文。

尼泊爾

廷布

不丹

加德滿都

恆河

達卡

孟加拉國

緬甸

內比都

越南

河內

北部灣

東沙群島

菲律賓

馬尼拉

老撾

萬象

湄公河

西沙群島

黃岩島

孟加拉灣

安達曼群島
（印度）

安達曼海

泰國

曼谷

柬埔寨

金邊

越南

中沙群島

南海

南沙群島

蘇拉威西海

亞

尼科巴群島
（印度）

泰國灣

文萊

斯里巴加灣市

曾母暗沙

馬來西亞

西

珊瑚海

洋

馬來西亞

吉隆坡

新加坡

新加坡

印度

尼

阿拉弗拉海

洋

爪哇海

雅加達

帝力

東帝汶

大　洋　洲

京劇
傳統戲曲劇種之一，
被視為中國國粹

圍棋

諸葛亮
三國時期蜀漢丞相，
歷史名臣

《孫子兵法》
春秋時期孫武著，是
中國現存最早的兵書

五嶽獨尊

泰山
五嶽之首，古代
帝王封禪的地方

秦始皇
嬴政，中國歷史上第一位皇帝

絲綢

朱鸝

萬里長城
中國古代為抵禦北方遊牧民族侵襲而修建的偉大
的軍事工程，從春秋時期到明朝，持續修建了
2000多年，總長度超過2萬千米

后母戊大方鼎
目前出土的世界上最大、
最重的青銅禮器，被視為
「鎮國之寶」

荔枝

布達拉宮
位於拉薩市，最初為吐蕃王朝贊普松贊
干布為迎娶唐朝的文成公主而建

牡丹

太極拳

活字印刷術

古代四大發明

秦始皇陵兵馬俑坑
秦始皇陵的陪葬坑，裏面有數量龐大的陶俑、
馬車、兵器等，堪稱一支龐大的地下軍隊

硝酸鉀　硫磺　木炭粉

黑火藥

造紙術

指南針

故宮
中國明清兩代的皇家宮殿建築群，古時稱「紫禁城」，現在為「故宮博物院」

燒麥

餃子

麵條

蘋果

北京烤鴨

梅花

甲骨文
中國現存最古老的成熟文字

麗江古城

書法
由漢字衍生出來的一種藝術形式，為中國所獨有

中國
China

全稱：中華人民共和國
首都：北京
面積：約 960 萬平方千米
人口：約 14 億
官方語言：漢語

中國位於亞洲東部，是世界四大文明古國之一，有着五千年的歷史，四大發明（造紙術、指南針、火藥、活字印刷術）影響了全世界。中國疆域遼闊，民族眾多，是世界上人口最多的國家。中國擁有壯觀的長城、故宮、兵馬俑，還有書法、圍棋、中醫、武術和可愛的大熊貓等。如今中國經濟正飛速發展，是僅次於美國的世界第二大經濟體。

龍
中國古代神話傳說中的神異動物

茶葉

金絲猴

樂山大佛
坐落於岷江、青衣江、大渡河三江交匯處，是中國最大的摩崖石刻造像

黃鶴樓
江南三大名樓之一，許多文人墨客都曾在這裏留下詩句

功夫

漢服

馬門溪龍
中國發現的最大的蜥腳類恐龍之一，全長 22 米，脖子有 12 米長

《西遊記》
明朝作家吳承恩的長篇小說，描寫了唐代高僧玄奘去西方取經的故事

江南古典園林

桃子

東北虎

身穿旗袍的女子

青花瓷

丹頂鶴

熊貓

天安門
坐落在首都北京市中心，舊稱「承天門」，是紫禁城的正門。1949 年新中國開國大典就是在這裏舉行的。

乒乓球

鳥巢
2008 年奧運會主會場

揚子鱷

藏羚羊

中醫

養蠶

世界人民大团结万岁

中國簡史
History of China

1 上古時代

約 200 萬年前，中國境內有了人類活動，他們用石頭打製工具，靠狩獵和採集為生。

2 黃帝戰蚩尤

後來，人們逐漸聚集在一起，形成了部落。炎帝部落與黃帝部落是兩個最大的部落，他們聯合起來，打敗了蚩尤部落，合併成了華夏部落，成為漢族的前身。

3 夏朝

禹因為治水有功，被舉為部落聯盟首領。死後，兒子啟繼承了領之位，建立了中國史上第一個王朝——朝，中國進入「家天」的時代。

5 武王伐紂

商朝最後一位君王紂也是個暴君，周部落首領發（周武王）在牧野之戰中打敗紂王，建立了朝。周天子分封了許多諸侯國，大功臣姜子牙分到齊國，位於現在的山東境內。

4 成湯滅夏

夏朝最後一位君主叫桀，暴虐無道，商部落首領成湯聯合其他諸侯，在鳴條之戰中打敗了夏桀，建立了商朝。商朝出現了中國最早的文字甲骨文，還有精美的青銅器，「商人」一詞也來源於商朝。

6 春秋戰國

周天子遷都洛陽後，日益衰弱，諸侯國不再聽天子的號令，為了當中原霸主而開始混戰，在時出現了著名的「春秋五霸」和「戰國七雄」。段時間還出現了許多影響深遠的思想家，孔子是這一時期的魯國人。

孔子（公元前551—公元前479 年）

春秋時期魯國人，偉大的思想家、教育家，儒家學派創始人。

7 秦朝

最後，雄才大略的秦王嬴政消滅韓、趙、魏、楚、燕、齊六國，統一了天下，成為中國歷史上第一位皇帝——秦始皇。秦始皇統一了貨幣、文字、度量衡，還修建了防禦匈奴的萬里長城。

10 三國

東漢末年的黃巾起義之後，軍閥割據，皇帝成傀儡。曹操、劉備、孫權分別統治的魏、蜀、長期對峙，形成三國鼎立的局面。神機妙算的葛亮是劉備的軍師。

9 東漢

西漢滅亡後，爆發了赤眉綠林起義。漢朝宗室劉秀掃平割據勢力，建立了東漢。東漢科技發達，古代四大發明中的造紙術就是東漢蔡倫改進的。

8 西漢

秦朝僅存在 15 年就滅亡了，之後出現楚漢之爭。劉邦打敗項羽，建立了漢朝，史稱「西漢」。漢武帝時，打敗了匈奴，開闢了絲綢之路，國家空前強大，中國人開始被周邊國家的人稱為「漢人」。

11 西晉

魏滅蜀後，魏國權臣司馬炎又取代曹魏，建立了西晉。西晉滅吳，統一了中國。西晉後期，爆發「八王之亂」，社會動盪，周邊少數民族趁機進入中原。

12 東晉

西晉僅存在51年就被匈奴所滅。皇族司馬睿跑到南方稱帝，建立了東晉。這時北方幾乎全部落入胡人手中，建立了數十個政權，其中最為著名的十六個，史稱「東晉十六國」。

13 南北朝

大將劉裕篡奪東晉政權，建立宋，是南朝的開始。鮮卑族建立的北魏統一了北方，是北朝的開始。南北朝對峙長達近200年，是中國歷史上的大分裂時期。這一時期，佛教在中原大為流行。

14 隋朝

北方的楊堅建立隋朝，統一全國，結束了南北朝的混亂局面。但他的兒子楊廣好大喜功，修建大運河，三征高麗，過度消耗國力，最終導致隋朝滅亡。隋朝開創了科舉考試制度，使平民百姓有了當官從政的機會。

15 唐朝

隋末爆發農民起義，太原留守李淵趁亂起兵，建立了唐朝。唐朝是一個國力強盛的王朝，與歐亞各國往來頻繁，玄奘「西天取經」的故事就發生在唐朝。

16 五代十國

唐朝疆域廣闊，劃出很多藩鎮，派去管理，結果形成了很多軍閥。唐朝滅亡後，藩鎮割據，戰爭不斷，人民流離失所。中原地區先後出現了5個大的政權，周圍還圍繞着10個小政權，合起來就叫「五代十國」。

17 北宋

後周大將趙匡胤發動「陳橋兵變」，建立了北宋，統一全國，結束了分裂局面。北宋重文輕武，文化和科技都十分發達，古代四大發明中的火藥、活字印刷術和指南針都是在這時發明或發展起來的。

18 南宋

北宋被女真人的政權金所滅，皇族趙構在南方建立了南宋。南宋佔據了中國富饒的南方，國家富裕，軍事上依然軟弱，但也湧現出像岳飛、韓世忠這樣的抗金英雄。

19 元朝

蒙古人南下滅了宋朝，建立了元朝。蒙古人實行民族歧視政策，把人民分成好幾個等級。這種不平等的做法最終引起了漢人的反抗。

20 明朝

當過和尚的朱元璋建立明朝，把蒙古人趕回了「老家」，還重新修建了長城，防止他們再回來。明朝前期十分強盛，四大古典名著中的《三國演義》、《西遊記》、《水滸傳》都出自這個時代。

21 清朝

明朝後期，皇帝一個不如一個，把國家搞得越來越亂，最終被李自成領導的農民軍推翻了。滿族人趁機越過長城，打敗了李自成，建立了中國歷史上最後一個封建王朝——清朝。清朝開創了一個版圖比明朝還大的帝國，但後來因為閉關鎖國，逐漸落後於西方。

22 辛亥革命

孫中山領導的辛亥革命徹底瓦解了清朝的統治，清朝最後一位皇帝溥儀退位，中國延續了兩千多年的帝制時代就此結束。1912年，中華民國成立。

23 中華人民共和國

中華民族經過浴血奮戰，打敗了日本侵略者，最終在中國共產黨領導下，建立了中華人民共和國。從此，中國人民走上了獨立富強的道路。

國時期	西晉建立	東晉建立	南北朝	隋朝建立	唐朝建立	五代十國	北宋建立	南宋建立	忽必烈定國號為「元」	明朝建立	皇太極改國號為「清」	辛亥革命爆發	中華人民共和國成立
—280年	265年	317年	420—589年	581年	618年	907—960年	960年	1127年	1271年	1368年	1636年	1911年	1949年

日本
Japan

- 全稱：日本國　　首都：東京
- 面積：約 37.8 萬平方千米
- 人口：約 1.3 億　官方語言：日語

"日本國"一詞的意思是"日出之國"。日本是太平洋西岸的一個島國，由北海道、本州、四國、九州四個大島及 6800 多座小島組成。日本與中國隔海相鄰，在古代經常派人來中國學習知識和經驗，受中國文化的影響很大。日本多山，全國有 100 多座火山，其中最著名的是富士山。目前日本是僅次於美國、中國的世界第三大經濟體，汽車、電器、動漫產業發達。

日本棕熊
生活在日本北方的北海道，體型龐大

刺身

章魚燒

富士山
日本人的"聖山"，也是日本最高的山

忍者

浮世繪
從江戶時代開始流行的版畫藝術，獨特的繪畫方式也影響當時的歐洲畫壇

穿和服的日本女性

木屐

劍道

動漫遊戲王國

哆啦 A 夢

高達

金閣寺
正式名稱為"鹿苑寺"，因為核心建築舍利殿的外牆上貼有金箔，因此得名"金閣寺"

東京巨蛋
一座有 55000 個座位的多功能體育館

秋葉原
世界聞名的電器街，也是動漫遊戲愛好者的聖地

嚴島神社　修建在海上的古老神社

銀座
日本最大的商業街區，購物者的天堂

穿水手服的高中女生

武將鎧甲

武士刀

河豚

日本獼猴
生活在寒冷地區，冬季喜歡出來泡溫泉

藝伎
以舞蹈和樂器表演娛樂賓客且以此為生的人

抹茶

枯山水
以小見大的微縮式園林景觀

天婦羅

東京迪士尼樂園

花道

茶道

空手道

花粉症
日本人的"國民病"，每年春季都會爆發，杉樹和檜樹的花粉是花粉症的元兇，這兩種樹佔了日本森林面積的 1/3

日本清酒

法隆寺五重塔
日本最古老的塔，歷經 1300 多年而不倒

相撲

八咫鏡
草薙劍　八阪瓊曲玉
皇室三神器
日本皇室代代繼承的寶物，相傳由天照大神所賜

桃太郎
日本民間故事中的小英雄

柔道

棒球

數碼相機

東京塔
日本最高的獨立鐵塔，從上面可以俯瞰整個東京市

拉麵

紫式部
平安時代的才女，著有《源氏物語》

千葉龍

天照大神
日本本土宗教神道教的最高神，被認為是日本天皇的始祖

招財貓

阿伊努人
生活在日本東北地區的原住民

新幹線列車

東京晴空塔

丹波巨龍
發現於兵庫縣丹波市，約 15 米長的大恐龍

秋田犬

煙火大會上，穿夏季輕便和服——浴衣的人

姬路城
一座歷史悠久的古城堡，被譽為"日本第一名城"。白色的城牆和蜿蜒的屋檐就像展翅欲飛的白鷺一樣，因此也叫"白鷺城"。姬路城被視為江戶時代的象徵，日本許多時代劇和電影都是在這裏拍攝的。

櫻花

嚴島神社鳥居
島神社的大門，被譽為本三景之一

飯團

壽司

日本扇子

日本簡史
History of Japan

2 新石器時代

冰河期結束後，氣候變暖，日本列島上也變得生機勃勃起來。這時人們仍主要以狩獵和採集為生，但已經開始住在半地穴式的房屋裏，過上了定居生活。人們還學會了燒製陶器，並用繩子在上面壓出裝飾花紋。

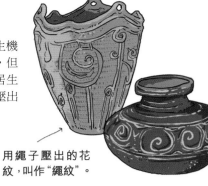

用繩子壓出的花紋，叫作"繩紋"。

1 舊石器時代

約幾萬年前，地球正處於最後一個冰河期，整個大陸都被冰河覆蓋，如今的日本列島也和大陸連為一體，早期人類由此從大陸遷徙到了日本列島上。

3 早期國家

來自大陸的移民將水稻種植技術帶到了日本，日本由此進入農業社會，並產生了早期的國家。最初日本境內有100多個小國，這些小國在中國被統稱為"倭國"。

4 邪馬台國

約2300年前，日本出現了一個較為強大的名叫邪馬台的國家，由女王卑彌呼統治。卑彌呼女王也曾多次向中國納貢，有一次還被中國賜予了珍貴的銅鏡。

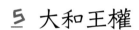

5 大和王權

邪馬台國消失後，以奈良為中心，逐漸形成了大和王權。大和王權的統治者最初叫大王，後來改稱天皇。神武天皇被認為是日本歷史上第一位天皇。

6 聖德太子改革

日本歷史上第一位女天皇推古天皇在位期間，攝政王聖德太子推行了一系列加強皇權的改革。他還向中國隋朝派遣遣隋使，學習中國的先進制度和文化。這一時期，佛教興盛，大大繁榮了日本古代文化。

7 奈良時代

710年，日本天皇遷都平城京（今奈良），開啟了奈良時代。奈良時代是日本全方位向中國學習且以漢文化為主要文化的時代，他們不僅仿照唐朝都城長安修建了平城京，還向中國派遣了大量學習交流的僧人和遣唐使。

8 國風鼎盛

794年，日本天皇遷都平安京（今京都），日本進入平安時代。這一時期，日本受中國的影響減弱，逐漸形成了以優雅華麗為主要特點的貴族文化，稱為"國風文化"。日本不僅以漢字為基礎，創造了自己的文字—假名，還誕生了以《源氏物語》為代表的眾多文學傑作。

日本列島出現人類活動	邪馬台國成立	大和王權形成	聖德太子開始改革	佛教傳到日本	開啟奈良時代	進入平安時代	《源氏物語》誕生	鎌倉幕府建立
約幾萬年前	約公元前300年	約公元3世紀後半期	603年	600—700年	710年	794年	1001—1008年	1192年

9 武士力量崛起

武士階層起源於地方私人武裝。平安時代後期，統治者經常需要藉助地方武裝力量處理階級矛盾，武士階層由此登上政治舞台。源氏和平氏是當時兩個最大的武士集團，後來源氏消滅了平氏，變得一家獨大。

10 鎌倉幕府

1192 年，源氏集團首領源賴朝被天皇冊封為征夷大將軍，並在鎌倉開設了幕府。幕府即軍府，這時天皇雖然仍是國家的首腦，但軍政大權卻掌握在幕府大將軍手裏，因此鎌倉幕府的設立，標誌着日本武士執掌政權的開始。

11 蒙古來襲

鎌倉幕府時期，忽必烈領導的元朝大軍曾兩次入侵日本，結果都以失敗告終。第一次因為糧草準備不足，大軍被迫打道回府。第二次則是因為遇到了颱風，元軍差點全軍覆沒。

12 室町幕府

鎌倉幕府倒台後，取而代之的是足利尊氏在室町開設的室町幕府。這一時期，日本誕生了以"幽玄寂靜"為特色的室町文化，如花道、茶道、能劇、水墨畫等，室町文化也成為現代日本文化的源頭。一休和尚的故事就發生在這一時期。

13 戰國時代

後來，室町幕府權威日下，各地領主紛紛獨立，成為握有一方霸權的"戰國大名"。戰國大名之間相互征伐不斷，這段群雄割據的歷史，史稱日本的"戰國時代"。

豐臣秀吉 (1537—1598 年)

戰國末期的日本名臣，與織田信長、德川家康並稱為「戰國三傑」。

13

14 江戶幕府

戰國後期，豐臣秀吉基本上統一了日本，但正式統一日本的是德川家康。德川家康開設的幕府稱為江戶（今東京）幕府，統治日本長達 200 多年。

15 大政奉還

江戶幕府後期，鑒於西方列強的壓迫，加之日本國內也爆發了轟轟烈烈的倒幕運動，內憂外患之下，第 15 代將軍德川慶喜不得不"大政奉還"，將權力歸還天皇，標誌着幕府對日本統治的結束。

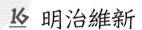

下台！

16 明治維新

"大政奉還"之後，日本成立了以明治天皇為中心的新政府，並積極學習和效仿歐美制度，進行了一系列近代化改革，史稱"明治維新"。

17 侵略擴張

明治維新後，日本迅速實現了工業化，隨之膨脹的還有對外侵略擴張的野心。日本先後發動了甲午戰爭、日俄戰爭，在一戰時佔領了中國青島，二戰中更是作為軸心國成員，給以中國為主的亞太地區人民造成了沉重災難。

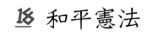

18 和平憲法

戰後日本在美國的主持下頒佈了新的憲法，天皇成為國家的象徵，不再擁有實際權力。在美國的大力扶持下，日本經濟也得以迅速恢復，現已成為僅次於美國、中國的世界第三大經濟體。

現在的日本也是一個動漫大國，二次元文化風靡世界。

印度 India

- 全稱：印度共和國
- 面積：約 298 萬平方千米
- 人口：約 13 億
- 官方語言：印地語、英語
- 首都：新德里

印度，古稱"天竺"，位於亞洲南部，古印度是世界四大文明古國之一，創造了燦爛的印度河文明，擁有 4500 多年的歷史。古印度的迦毗羅衛國（今尼泊爾境內）是佛教的發源地。印度是僅次於中國的人口大國，三分二的印度人口依靠農業，貧富差距較大。泰姬陵是印度著名的古跡之一。

印度教三大主神

濕婆
毀滅之神

梵天
創造之神

毗濕奴
保護之神

賈瑪清真寺
印度最大的清真寺

印度鱷龍

大吉嶺紅茶
產於大吉嶺高原的高香紅茶

牛
印度的聖獸

菩提伽耶的摩訶菩提寺
阿育王主持修建的寺廟之一

身着紗麗的女性

寶萊塢
世界上最大的電影生產基地之一

阿旃陀石窟

賈特拉帕蒂·希瓦吉終點站
一座歷史悠久的火車站

印度香料

傳統男性服飾

德里門

泰戈爾
著名詩人、哲學家。憑藉《吉檀迦利》獲得諾貝爾文學獎

駱駝

花谷國家公園
在這裏可以看到各種各樣的高山花卉和野生動物

孟加拉虎

釋迦牟尼
佛教的創立者

印度飛餅

布里哈迪斯瓦拉神廟

灑紅節

達拉維貧民窟
亞洲最大的貧民窟，世界上人口密度最高的地方

蓮花

古特伯高塔
塔上刻有阿拉伯文的《古蘭經》，被視為印度七大奇跡之一

瑜伽

咖哩

傳統的印式套餐

德里紅堡
莫臥兒帝國時期的皇宮，因紅褐色外觀而得名

棉花

為紀念英王喬治五世和瑪麗皇后訪
問印度而建，酷似法國的凱旋門

印度薄餅
一種薄薄的麵餅

拉西
一種印度酸奶

泰姬陵
17 世紀時，莫臥兒帝國皇帝
沙‧賈汗為紀念亡妃而修而建了大
理石陵墓。整座建築裝飾著大
量的寶石、玻璃、瑪瑙等。夕陽
照耀下更是十分美麗。泰戈爾曾
將它比喻為"永恆面頰上的一滴
眼淚"。

印度象

手上繪有美麗彩繪的
印度新娘

眼鏡蛇

藍孔雀

甘地
印度民族解放運動的領導
者，被譽為"聖雄甘地"

印度奶茶

印度犀牛

咖喱羊肉

印度古典舞

阿格拉古堡
用紅砂岩砌而成的壯觀古堡

手抓飯

人力車

印度簡史
History of India

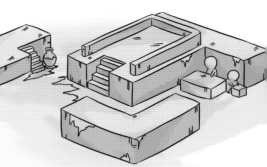

1 遠古時代

約 200 萬年前，古印度
（包括現在的印度、巴基
斯坦、孟加拉國、尼泊
爾等國）就有人類居住。

2 早期文明

4000 多年前，印度河流域出現了哈拉巴
文化，擁有了市場、穀倉、花園和澡堂
等，不過這個文明後來突然消失了，至
今原因不明。

3 雅利安人的到來

3500 多年前，西北白皮膚的遊牧民族雅利安人來了。他們征服
了當地黑皮膚的土著，建立了許多奴隸制小國，並創立了婆羅
門教和種姓制度，把民眾分為婆羅門、剎帝利、首陀羅、吠舍
四個等級和最底層的賤民。這些制度對印度影響深遠。

雅利安：意為"高貴之人"。

4 佛教創立

釋迦牟尼是公元前 6 世紀時古印度北部迦毗羅衛
城（今尼泊爾境內）的王子，原名喬達摩·悉達
多。他 29 歲時出家修行，後來在一棵菩提樹下
大徹大悟，創立了佛教。

5 十六雄國

之後，印度進入了列國爭
霸的時代。當時印度小國
眾多，其中有 16 個邦國最
為強大，史稱"十六雄國"。

阿育王（約公元前 304—前 232 年）

孔雀王朝的第三位君主，大大拓展了國家版圖，還帶來
了佛教的繁榮，是印度歷史上最偉大的君主之一。

6 孔雀王朝

西方馬其頓的亞歷山大大帝打垮了印度諸多小王國，出身貧困的月護王建立了孔雀王朝
孔雀王朝的阿育王幾乎統一了全印度。阿育王信奉佛教，因此佛教興盛起來。

孔雀王朝：因開創者出身於飼養孔雀的家族而得名。

古印度出現人類活動	哈拉巴文化	雅利安人入侵	佛教誕生	十六雄國時代	孔雀王朝建立	笈多王朝建立	戒日王建
約 200 萬年前	約 4000 年前	約 3500 年前	約公元前 6 世紀	公元前 6—前 5 世紀	約公元前 321 年	320 年	606 年

笈多王朝時期，印度人發明了數字0。印度人發明的數字經阿拉伯人傳播開來，因此被稱為"阿拉伯數字"。

笈多王朝

笈多王朝是孔雀王朝之後又一個強大王朝。這一時期，人才輩出，文化繁榮。東晉高僧法顯就曾來此遊學十餘年，寫出了《佛國記》。

9 德里蘇丹國

之後，阿拉伯人帶來了伊斯蘭教。 1206 年，穆斯林以德里為中心，建立了伊斯蘭國家德里蘇丹國。此時的婆羅門教在吸收了一些佛教元素後，變成了印度教，而佛教受到多重打壓，逐漸衰落。

8 戒日王朝

幾百年後，印度又出現了一位文武雙全的雄主戒日王。他恩威並用，經過數十年的奮戰，再次統一北印度各部，建立了一個多國聯盟的帝國。這期間，唐僧玄奘曾來印度取經，回國後寫出了《大唐西域記》。

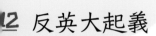

•賈汗為了紀念他的愛妃，建了泰姬陵。

10 莫臥兒帝國

第一次帕尼帕特戰役勝利後，蒙古人巴布爾登上德里王位，建立了莫臥兒帝國，即"蒙古人的帝國"。莫臥兒帝國一度成為當時世界上最強大的國家之一。沙•賈汗做皇帝時，修建了舉世聞名的泰姬陵。

11 殖民時期

1498 年，葡萄牙人瓦斯科•達•伽馬到達印度。從此，歐洲人敲開了印度的大門。在歐洲列強對印度的爭奪戰中，英國最終獲勝，並成立了東印度公司，開始了對印度的殖民統治。

17

12 反英大起義

由於東印度公司對印度人民的壓榨和奴役，印度於 1857 年爆發了轟轟烈烈的民族大起義，最終迫使英國政府取消了東印度公司，開始直接統治印度。印度完全淪為英國的殖民地。

13 聖雄甘地

反英鬥爭從未中斷。兩次世界大戰期間，聖雄甘地多次領導了"非暴力不合作"運動，包括不買英國貨、不與英國人做生意、不給英國人納稅等等。後來，甘地又領導了多次反英運動。

巴基斯坦　印度

14 印巴分治

二戰後，英國元氣大傷，再也無力控制印度，被迫答應了印度獨立的要求。但是由於民族矛盾，印度分裂成了兩個獨立的國家，即信仰伊斯蘭教的巴基斯坦和信仰印度教的印度。

15 印度共和國

1950 年，印度共和國成立。此後印度與巴基斯坦由於克什米爾問題，爆發了三次戰爭和數十年的對峙。進入 21 世紀，印度大力發展經濟，成為世界上經濟發展最快的國家之一。

| 德里蘇丹國建立 | | 莫臥兒帝國建立 | 東印度公司成立 | | 印度民族大起義 | | 非暴力不合作運動開始 | 印巴分治 | 印度共和國成立 |

| 1206 年 | | 1526 年 | 1600 年 | | 1857—1859 年 | | 約 1920 年 | 1947 年 | 1950 年 |

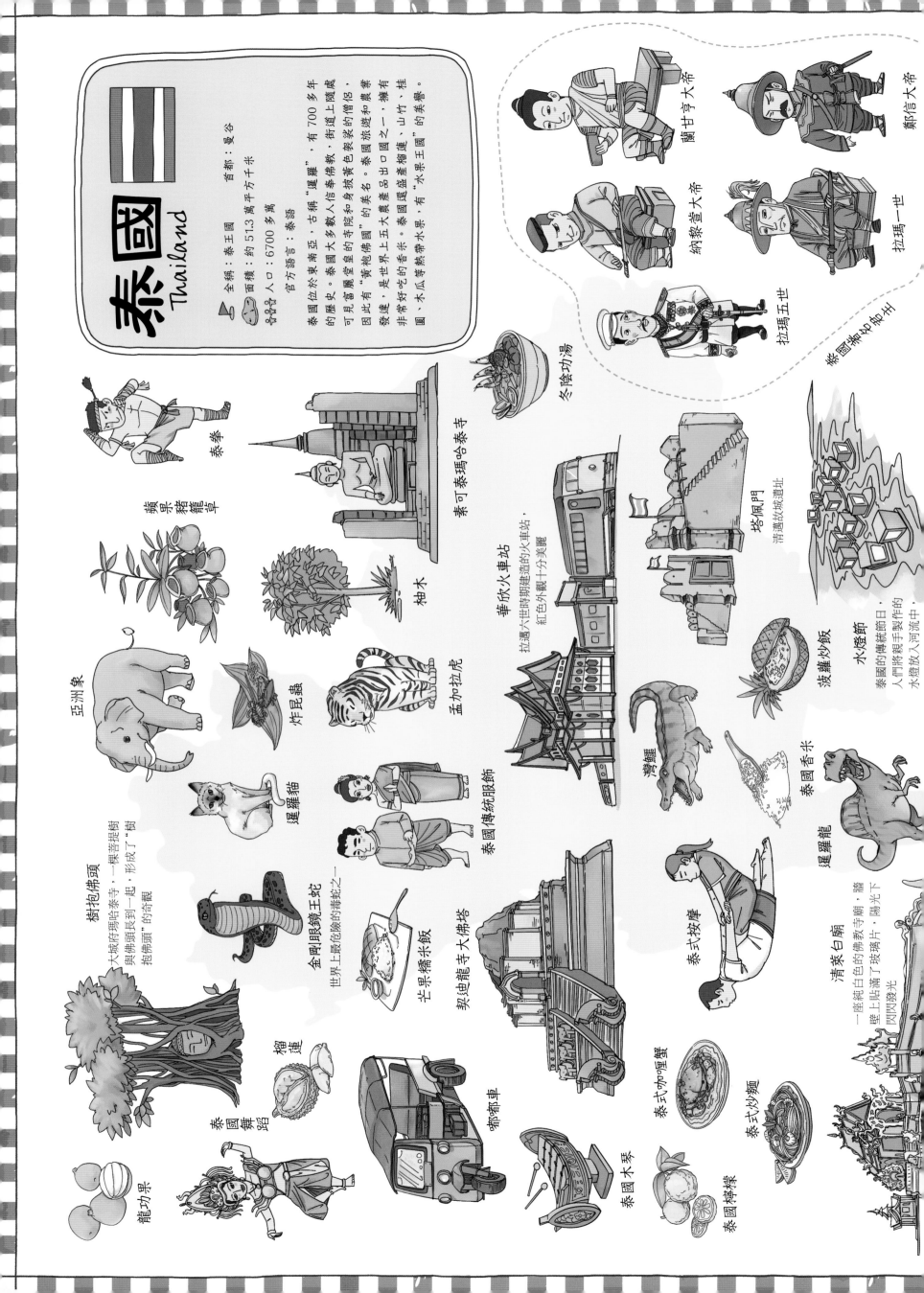

泰國
Thailand

全稱：泰王國　　首都：曼谷

面積：約 51.3 萬平方千米

總人口：6700 多萬

官方語言：泰語

泰國位於東南亞，古稱"暹羅"，有 700 多年的歷史。泰國大多數人信奉佛教，街道上隨處可見此富麗堂皇的佛寺和身披金袈裟的僧侶，因此有"黃袍佛國"的美名。泰國旅遊和農業發達，是世界上五大農產品出口國之一，擁有非常好吃的香米、木瓜等熱帶水果，有"水果王國"的美譽。

蘭甘亨大帝

鄭信大帝

納黎萱大帝

拉瑪一世

拉瑪五世

泰國諸位君主

冬陰功湯

泰拳

蘋果椰籠草

素可泰瑪哈泰寺

柚木

亞洲象

炸昆蟲

孟加拉虎

華欣火車站
拉瑪六世時期建造的火車站，紅色外觀十分美麗

塔佩門
清邁放城遺址

暹羅貓

泰國傳統服飾

灣鱷

波蘿炒飯

泰國香米

水燈節
泰國的傳統節日，人們將親手製作的水燈放入河流中

暹羅龍

樹抱佛頭
大城府瑪哈泰寺，一棵菩提樹與佛頭長到一起，形成了"樹抱佛頭"的奇觀

金剛眼鏡王蛇
世界上最危險的毒蛇之一

芒果糯米飯

契迪龍寺大佛塔

泰式按摩

清萊白廟
一座純白色的佛教寺廟，牆壁上貼滿了玻璃片，陽光下閃閃發光

榴蓮

泰國舞蹈

嘟嘟車

泰國木琴

泰式咖喱蟹

泰式炒麵

泰國檸檬

龍功果

神猴哈奴曼
來自印度神話的神猴

睡蓮

普吉大佛

潛水
泰國有許多潛水勝地

度假勝地普吉島

大象營地中的大象表演

水上市場

臥佛寺
泰國最大的寺廟，裏面還
有一尊泰國最大的臥佛

芒果

山竹

紅毛丹

背包客

泰絲
一種名貴的手工織製品

大皇宮

泰國王室的王宮之一，擁有金碧輝
煌的壯麗外觀，匯聚了泰國建築、
雕塑、繪畫、裝潢等藝術的精粹，
被譽為"泰國的藝術大全"。現在主
要作為泰王加冕典禮、宮廷慶祝等
儀式的活動場所，平時對遊客開放。

泰國簡史

History of Thailand

1 史前時期

泰國地處熱帶，氣候溫暖，雨量充沛，有着茂密的樹林和豐富的食物，十分適合人類生活。因此早在五六十萬年前，就已經有早期人類在這裏活動了。

2 新石器時代

5000 多年前，泰國已經進入農業社會，人學會了種植水稻，飼養家畜，並製作精美陶器。

3 孟人國家

孟人是東南亞地區的一個古老民族，泰國早期的國家組織就是他們建立的。這些孟人小國從公元元年前後開始出現，一直延續到了十二三世紀。

4 素可泰王國

直到 1238 年，泰國才出現了第一個泰族人建立的國家——素可泰王國，也就是中國史書中記載的"暹羅"。第三代國王蘭甘亨統治時期，素可泰王國成為中南半島上的一個強國。蘭甘亨王不僅積極拓展版圖，還大力發展佛教，並創造了泰文。

你好

拉瑪鐵菩提：大城王國的開創者，也稱"烏通王"。

5 大城王國

1350 年，拉瑪鐵菩提在南方建立了阿瑜陀耶王國，阿瑜陀耶又譯作"大城"，所以通常稱其為"大城王國"。大城王國吞併了北方的素可泰王國，又消滅了柬埔寨的吳哥王國，成為一個強大的王朝。

6 吞武里王朝

1767 年，緬甸入侵泰國，攻破大城，大城王朝滅亡。祖籍中國廣東的華人鄭信組建了一支軍隊，反抗緬甸。不久清朝和緬甸之間爆發戰爭，鄭信趁機收復了大城。隨後他在吞武里建都，建立了吞武里王朝。

7 曼谷王朝

1782 年，鄭信被部下卻克里所殺。卻克里自稱拉瑪一世，在曼谷建都，史稱"卻克里王朝"。卻克里王朝也就是曼谷王朝，即持續至今的泰國王室。由於卻克里曾有華名"鄭華"，所以曼谷王朝王室成員的中文姓氏都是以"鄭"開頭的。

8 現代化改革

拉瑪四世統治期間，泰國開始受到歐洲列強的侵略。1855 年，英國迫使泰國簽訂了第一個不平等條約。深感與西方有着巨大差距的泰國，開始積極探索近現代化改革的道路。

9 殖民下的倖存者

拉瑪五世朱拉隆功執政期間，亞洲大部分國家都已經淪為歐洲列強的殖民地。拉瑪五世迫於無奈，只能通過割讓土地來換取國家的獨立主權。也因為如此，泰國得以成為東南亞唯一沒有完全淪為殖民地的國家。

10 君主立憲

1932 年，泰國發生政變，國家命運發生重大轉折。這次政變結束了泰國自素可泰王朝以來延續了 600 多年的君主專制統治，泰國成為一個君主立憲制國家。

11 二戰期間

第二次世界大戰時，泰國傾向日本，加入了軸心國，並向英美兩國宣戰。1945 年日本投降後，泰國又宣佈對英美兩國的宣戰無效，被同盟國接受。

12 "自由之地"泰國

1949 年，泰國將原來的國名"暹羅"改為了"泰國"，意思是"自由之地"。如今，泰國仍是東南亞舉足輕重的國家。

朱拉隆功國王（1853—1910 年）

拉瑪五世，推行了一系列改革，為現代泰國的發展奠定了基礎，是泰國近代史上的一位開明君主。

吞武里王朝建立	曼谷王朝建立	現代化改革開始	確立君主立憲制	正式改名"泰國"
1767 年	1782 年	1855 年前後	1932 年	1949 年

女王宮

一座供奉濕婆的神殿，有"吳哥古跡中的明珠"之稱

亨利·穆奧

法國生物學家，被認為是吳哥窟的發現者

阿莫克

一種用椰漿和香料做成的湯底

稻花

青芒果沙拉

阿莫克魚

用阿莫克做的魚，柬埔寨的特色菜餚

蛇皮果

皮雕

洞里薩湖水上浮村

洞里薩湖是柬埔寨的第一大湖，過去許多人為了躲避戰爭而來到這裏，修建了水上村莊

水稻

香蕉

金邊王宮

柬埔寨國王在金邊修建的王宮

東埔寨野牛

高棉人

柬埔寨的主要民族

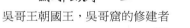

蘇耶跋摩二世

吳哥王朝國王，吳哥窟的修建者

龍眼

崩密列

一座小吳哥窟式的寺廟，名字的意思是"荷花池"

糖棕樹

獨立紀念碑

高棉的微笑

位於吳哥城巴戎寺內，是 49 尊巨大的四面佛雕像，佛像呈現出高棉人的面部特徵，並且個個面帶笑容，因此被稱為"高棉的微笑"。據說這些佛像是以當時的國王闍耶跋摩七世為原型塑造的。

監獄博物館
原是一座學校，紅色高棉時期被用作關押犯人的集中營，現在已經成為博物館

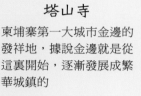

東埔寨春卷

人心果

胡椒

塔山寺
東埔寨第一大城市金邊的發祥地，據說金邊就是從這裏開始，逐漸發展成繁華城鎮的

劍龍

東埔寨傳統服飾

銀器

木雕

吳哥窟內的猴子
吳哥窟的茂密雨林中生活了許多可愛的猴子

柏威夏寺
一座建於懸崖頂端的古老寺廟

東埔寨火鍋

石雕

糖棕果

水布
東埔寨的特色紡織品，多用棉紗或蠶絲織成

棕糖
用糖棕果和糖棕樹的花汁熬製而成的糖

吳哥窟
世界上最大的宗教建築，以宏偉的建築和細緻的浮雕聞名於世。12世紀中期，吳哥王朝國王蘇耶跋摩二世為供奉印度教毗濕奴神而修建了這座廟宇，後來因王朝衰落而一度被人遺忘，直到19世紀中葉才重新被人發現。

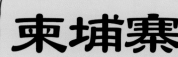
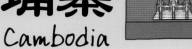

東埔寨
Cambodia

全稱：東埔寨王國　　首都：金邊
面積：約18.1萬平方千米
人口：1500多萬
官方語言：東埔寨語

東埔寨位於東南亞，古稱"高棉"。東埔寨歷史悠久，古代吳哥王朝曾創造了舉世聞名的吳哥文化。東埔寨國內多山，大部分地區被森林覆蓋。現在東埔寨是一個傳統農業國，工業薄弱，屬於世界上最不發達的國家之一。不過，世界各地的人們仍然源源不斷地來到這裏，只為一睹吳哥時期的壯觀古跡—吳哥窟。

《百花園中的仙女》
東埔寨著名的古典舞蹈，描繪了舞蹈女神阿普沙拉帶着眾多仙女去花園採摘鮮花的情景

送水節
東埔寨重要的傳統節日，人們會在湄公河上舉辦盛大的龍舟比賽，慶祝雨季結束和捕魚季的到來

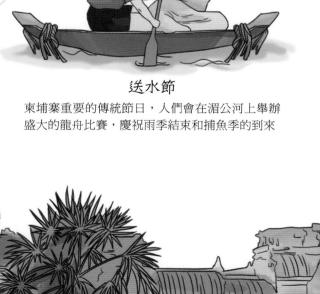

柬埔寨 簡史
History of Cambodia

2 高棉南遷

2500 多年前，柬埔寨人的祖先——高棉人，又稱吉蔑人，從中國雲南南遷，到達了今天的柬埔寨一帶。

1 石器時代

柬埔寨地區很早就有人類活動了，在湄公河流域曾出土了 70 萬年前石器時代的石斧、骨製釣具。

3 扶南國

2000 多年前，一個母系氏族在柬埔寨地區建立了扶南國，這期間柬埔寨語逐漸發展起來。扶南是歷史上第一個出現在中國史書上的東南亞國家，與中國東漢王朝來往密切。

4 真臘王國

高棉人建立的真臘原為扶南的一個附屬國。扶南國王死後，真臘國王兼任扶南王，與扶南王子發生衝突，最終用武力征服了扶南。

5 吳哥王朝

1200 多年前，蘇耶跋摩二世統一真臘，並在 802 年定都吳哥，建立了吳哥王朝。吳哥王朝在唐、元、明時期與中國接壤，是當時東南亞最強盛的國家，鼎盛時大約擁有 20 萬頭戰象。這時的吳哥城是當時東南亞最大、最繁華的城市，世界聞名的吳哥窟就是那時興建的。

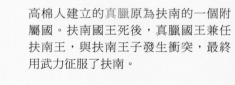

蘇耶跋摩二世（?—1150 年）

吳哥王朝國王，他在位時是吳哥王朝疆域最廣的時代。蘇耶跋摩二世信奉印度教的毗濕奴神，為此修建了許多廟宇，其中最著名的便是吳哥窟。

柬埔寨出現人類活動	高棉人到達柬埔寨	扶南國建立	吳哥王朝建立
約 70 萬年前	約公元前 500 年	約 100 年	802 年

⑥ 金邊王朝

後來，由於大興土木、連年征戰，吳哥王朝逐漸衰落。大約在 1431 年，泰族人攻佔並洗劫了吳哥城。隨後，吳哥王朝被迫遷都金邊，史稱"金邊王朝"。以後的一百多年裏，金邊王朝不斷地遭到泰族軍隊的入侵。

⑦ 吳哥窟的發現

吳哥城被廢棄後，成為一座埋沒在雨林深處的古城。直到 1861 年，法國的亨利·穆奧重新發現了這一古跡，立即震驚了世界。世界各地的人們紛紛來到這裏，吳哥窟現已成為柬埔寨最知名的文化名片。

⑧ 法國的"保護國"

150 多年前，歐洲列強開始了全球殖民擴張，柬埔寨被法國控制，淪為法國的"保護國"。

⑨ 短暫的"日據時代"

二戰期間，日本佔領柬埔寨，法國的行政機構依然存在，但卻為日本服務。直到 1945 年，日本投降，法國重新控制了柬埔寨。

25

⑩ 西哈努克時期

1953 年，柬埔寨發生了"爭取獨立的王家運動"，諾羅敦·西哈努克國王領導人民取得了獨立。

⑪ 紅色高棉

1975 年，一支被稱為"紅色高棉"的左派勢力取得了柬埔寨政權，在其三年多的統治期間，社會動盪，約 200 萬人死於饑荒、勞役和迫害。

⑫ 柬埔寨王國

在聯合國的努力下，1993 年，柬埔寨改名為"柬埔寨王國"，實行君主立憲制，西哈努克重新回國執政，柬埔寨終於進入和平發展時期。

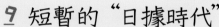

金邊王朝建立   成為法國的保護國   日本佔領柬埔寨   柬埔寨獨立   改名為"柬埔寨王國"

1432 年前後   1863 年   1940 年   1953 年   1993 年

歐洲
EUROPE

歐洲全稱"歐羅巴洲"，名字來源於希臘神話中的人物"歐羅巴"。歐洲是世界上面積第二小的大洲，僅比大洋洲大一些，共有 7.38 億人口，絕大部分都是歐羅巴人種（白色人種），種族構成非常單一。歐洲湧現過許多著名人物，比如科學家伽利略、牛頓；文學家莎士比亞、歌德；音樂家貝多芬、蕭邦；藝術家達・芬奇、畢加索等等。

歐洲是世界上經濟最發達的大洲，多數國家都是發達國家，其中超過半數加入了歐洲聯盟。此外，歐洲的體育水平也很高，在足球、籃球等方面都擁有很多世界一流強隊。

歐羅巴

希臘神話中的腓尼基公主，傳說她被愛慕她的宙斯帶往了另一個大陸，後來這個大陸取名"歐羅巴"，也就是現在的歐洲。根據傳說，歐羅巴是歐洲大陸上的第一位人類，所以現在的歐洲人可以説大部分都是歐羅巴的後代。

丹麥海峽

挪威海

雷克雅未克
冰島

法羅群島（丹麥）
托爾斯港

設得蘭群島（英國）

外赫布里底群島

奧克尼群島

內赫布里底群島

大

不

列

顛

島

北　海

愛爾蘭島　愛爾蘭
都柏林 ·

愛爾蘭海

聖喬治海峽

英國

倫敦

大　西　洋

英吉利海峽

多佛爾海峽

海峽群島（英國）

阿姆斯特丹
荷蘭
布魯塞爾
比利時

萊

德國

巴黎

盧森堡
盧森堡

茵

挪

奧斯陸

丹麥

菲英島

列支敦士登
瓦杜茲

比斯開灣

法國

河

伯爾尼 ·
瑞士

盧布爾

意大利

葡萄牙
里斯本 ·

馬德里 ·

西班牙

安道爾
安道爾 ·

摩納哥

摩納哥

聖馬力諾
聖馬力諾

梵蒂岡

巴利阿里群島
（西班牙）

科西嘉島
（法國）

撒丁島
（意大利）

第勒尼安

西西里
（意大

直布羅陀海峽

地

中

非　洲

馬耳

瓦萊

巴倫支海

新地島

瓦伊加奇島

科爾古耶夫島

亞　洲

白海

尼安德特人

約3萬-12萬年前生活在歐洲及西亞的古人類，因其化石發現於德國尼安德特山谷而得名。尼安德特人屬於晚期智人的一種，他們身材比現代人矮，但四肢粗壯，使用打製石器，靠狩獵和採集為生。約2萬年前，尼安德特人神秘地消失了。

瑞典

芬蘭

波的尼亞灣

奧蘭群島

赫爾辛基

斯德哥爾摩

波羅的海

芬蘭灣

塔林

愛沙尼亞

拉多加湖

伏　爾　加　河

莫斯科

俄羅斯

哥得蘭島

厄蘭島

里加

拉脫維亞

博恩霍爾姆島

俄羅斯

立陶宛

維爾紐斯

明斯克

第　聶　伯　河

白俄羅斯

哈薩克斯坦

華沙

波蘭

里　海

拉格

捷克

也納

斯洛伐克

布拉迪斯拉發

基輔

烏克蘭

瑞

布達佩斯

匈牙利

摩爾多瓦

基希訥烏

亞速海

薩格勒布

羅地亞

河

羅馬尼亞

波斯尼亞和黑塞哥維那

貝爾格萊德

布加勒斯特

薩拉熱窩

塞爾維亞

黑山

波德戈里察

保加利亞

索非亞

黑　海

阿爾巴尼亞

斯科普里

馬其頓

地拉那

土耳其

亞　　　洲

希臘

愛琴海

伊奧尼亞海

雅典

海

羅德島（希臘）

克里特島（希臘）

卡爾帕索斯島（希臘）

大英博物館
世界上歷史最悠久的博物館，與法國盧浮宮、俄羅斯
艾爾米塔什博物館、美國大都會博物館並稱"世界四
大博物館"

愛丁堡城堡
英國皇室城堡之一

自然歷史博物館

莎士比亞
文藝復興時期的作家、
戲劇大師

蘇格蘭高地蒸汽火車
著名的蒸汽觀光列車

巨石陣
一座神秘的巨石建築，
始建於約公元前 3100 年

查爾斯·狄更斯
著名的批判現實主義作家

福爾摩斯與華生
阿瑟·柯南·道爾筆下的
傳奇偵探與其助手

蘇格蘭折耳貓

英國短毛貓

知更鳥

皇家衛兵
英國皇室的衛隊

聖保羅大教堂

喬治鐵橋
世界上第一座鐵橋，英國工業革命的象徵

倫敦眼
世界上第一座觀景摩天輪，為慶
祝 2000 年而修建，又叫「千禧
之輪」

出租車

牛頓
發現"萬有引力"的
物理學家

泰晤士報

玫瑰

查理·卓別林
著名喜劇演員

南丁格爾
世界上第一位女護士，
被譽為"提燈天使"

亞歷山大·弗萊明
生物化學和微生物學家，
抗生素青霉素的發現者

倫敦塔
位於倫敦市中心的一座宮殿和城堡，原是一座軍事要塞，歷史上曾被當做關押皇室犯人的監獄

約克郡布丁

英王權杖與王冠

英國
United Kingdom

全稱：大不列顛及北愛爾蘭聯合王國
首都：倫敦
面積：約 24.4 萬平方千米
人口：6400 多萬
官方語言：英語

英國是一個位於歐洲西部的島國，由大不列顛（包括英格蘭、蘇格蘭、威爾士）、愛爾蘭島東北部的北愛爾蘭和一些小島組成。英國是世界上第一個完成工業革命的國家，也是當時的第一殖民大國，號稱"日不落帝國"。二戰之後，英國的世界霸主地位被美國取代。不過，現在英國仍是擁有強大影響力的世界強國之一。

劍橋大學
歷史悠久的高等學府

蘇格蘭威士忌

下午茶

哈吉斯
蘇格蘭的傳統菜餚，將羊內臟剁碎再放入羊肚中製作而成

白金漢宮　英王的寢宮和辦公場所

賽馬

尼斯湖水怪
尼斯湖是英國的第三大淡水湖，
傳說這裏常有水怪出現

蘇格蘭傳統服飾

彼得·潘
童話中一個不願
長大的小男孩

蘇格蘭鬥牛犬

約克大教堂
一座美輪美奐的中世紀教堂，
以巨大的彩色玻璃窗聞名於世

斑龍
最早以"恐龍"
命名的恐龍

橄欖球

亞瑟王
本名亞瑟·潘德拉
貢，傳說中傳奇而偉
大的國王

牛肉腰子派

西敏寺
又叫議會大廈，是英國國會的所在地，坐落在泰晤士河西岸。大廈西北角的鐘樓就是著名的伊麗莎白塔（大本鐘）。

炸魚和薯條

哈利·波特

篝火節之夜
為了紀念歷史上的"黑火藥
陰謀"而設立的節日，這一
天人們會點起篝火，並將事
件中叛國者的人偶扔到火中

倫敦塔橋
因靠近倫敦塔而得名，是倫敦泰晤士河口的第一座橋，又有"倫敦正門"之稱

英國簡史
History of UK

1 史前文明

距今約 5000 年的不列顛島上就已經有人居住，稱為"古不列顛人"，巨石陣便是這一時期的遺址。

2 凱爾特人

2700 多年前，西歐的凱爾特人不斷移入現在的英國，其中有一支稱為"不列吞人"，不列顛這一名稱很可能就來源於此。

3 羅馬統治

公元前 55 年和公元前 54 年，羅馬執政官凱撒兩度率軍入侵不列顛，這成為英國有文字記載的最早歷史。後來，羅馬帝國征服了不列顛島，將它變成了自己的一個行省。

4 七國時代

羅馬人走後，來自歐洲大陸的盎格魯‧薩克遜人入侵英國，建立了許多小國家，最後形成了 7 個強國，史稱"七國時代"。

5 第一位英格蘭國王

9 世紀初，七國中的威塞克斯國王埃格伯特把七國聯合起來，形成了統一的英格蘭。

6 維京時代

從 8 世紀末開始，丹麥維京人就不斷地對英國沿海地區進行搶掠。盜們非常擅長航海，搶掠一番就消失在大海中。878 年，威塞克斯王阿爾弗雷德大敗丹麥軍隊，並組建了一支強大的海軍。後來，海們又捲土重來，當時的英王不得不和王后一起逃到王后的娘家法國。

7 諾曼王朝

1066 年，法國諾曼第公爵威廉渡海征服了英國，始了諾曼第王朝在英國的統治。威廉還在倫敦交建造了 9 座城堡，現在伊麗莎白女王居住的溫莎堡就是其中最大的一座。

8 自由大憲章

1215 年，貴族們迫使英王簽署了《自由大憲章》，保了封建貴族們的利益，也為英國議會制度的產生奠定基礎。

9 百年戰爭

從 1337 年開始，英國與法國為了王位繼承權等問題，進行了長達 116 年的戰爭。期間又恰逢黑死病爆發，民不聊生。大戰直到 1453 年結束，英國戰敗，幾乎喪失了所有在法國的領地。

10 玫瑰戰爭

15 世紀後半葉，英國蘭開斯特家族和約克家族為了爭奪王位，展開了長達 30 年的內戰。這兩個家族分別以紅、白玫瑰為族徽，因此這場戰爭又叫"玫瑰戰爭"。戰爭最終以支持蘭開斯特家族的亨利‧都鐸和約克家族的伊麗莎白聯姻而結束，並從此開啟了都鐸王朝的統治。

11 "羊吃人"的運動

隨着毛織業的發展，羊毛需求成倍增加，英國貴族土地改為牧場養羊，並進一步發展成圈佔農民的土地很多農民因此流離失所，史稱"圈地運動"。

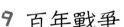

艾薩克‧牛頓（1643—1727 年）

物理學家、數學家。

史前文明	凱爾特人時期	羅馬征服不列顛	七國時代	英格蘭統一七國	英格蘭打敗維京海盜	諾曼第王朝建立	簽署《自由大憲章》
約 5000 年前	約公元前 700 年	43 年	約 600 年	9 世紀初	878 年	1066 年	1215 年

12 伊麗莎白女王

1558 年，伊麗莎白一世就任英國女王。她統治英國長達 45 年之久，使英國成為歐洲強國之一。這時，英國在文化藝術方面也達到了一個高峰，湧現出了莎士比亞、培根等眾多人物，在英國歷史上被稱為"黃金時期"。

14 光榮革命

17 世紀 40 年代，英國爆發資產階級革命。1649 年，國王查理一世被處死。1688 年，資產階級和貴族發動政變，將國王的女兒和女婿威廉夫婦推上王位，史稱"光榮革命"。議會通過了限制國王權力的《權利法案》，英國的君主立憲制度建立起來了。

15 合併蘇格蘭

大不列顛島北部為蘇格蘭，南部為英格蘭和威爾士，也就是英吉利王國本土。1707 年，蘇格蘭併入英格蘭，合稱"大不列顛聯合王國"。

● 現在的英國稱為大不列顛及北愛爾蘭聯合王國，包括英格蘭、蘇格蘭、威爾士和北愛爾蘭四部分。愛爾蘭在 1801 年併入大不列顛聯合王國，但後來又獨立出去，只留下了北愛爾蘭。

13 海上霸主

大航海時代的來臨，使英國開始向海外拓展勢力。1588 年，英國打敗了不可一世的西班牙無敵艦隊，成為海上霸主。

16 日不落帝國

接着，英國又打敗了海上強國荷蘭，在"七年戰爭"中戰勝了法國，奪得了對美國、加拿大、印度的控制權，並以東印度公司，殖民亞洲。至此，英國已經成為了世界的霸主。

17 工業革命

1781 年，英國人瓦特改良了蒸汽機，從此機器生產開始大規模代替手工勞動，大大推動了第一次工業革命的發展，人類進入"蒸汽時代"。英國是世界上最先開始也是最早結束工業革命的國家，這讓英國一度成為"世界的工廠"。

31

18 維多利亞時代

1837 年，18 歲的維多利亞女王繼位，此後英國的國力也達到了巔峰，國內鐵路網密佈，蒸汽機車馳騁，英國的商人們把生意做到了世界各地。這段時期在歷史上被稱為"維多利亞時代"。

19 一戰

1914 年 8 月，第一次世界大戰爆發。1918 年，英國在與其他協約國的共同努力下，最終打敗德國，獲得勝利。

21 英國與歐盟

二戰後，英國的殖民地紛紛脫離英國獨立，美國趕超英國成為世界第一強國。1958 年，歐共體成立，1973 年英國加入。2016 年 6 月 23 日，英國公投決定脫離歐盟。女王伊麗莎白二世，於 1952 年登基，是英國在位時間最久的女王。

20 二戰

1939 年，二戰爆發。強硬的首相丘吉爾毫不妥協，組建了戰時內閣，成功地組織敦刻爾克大撤退，領導"不列顛空戰"，聯合美軍在諾曼底登陸，最終戰勝了納粹德國。

年戰爭	玫瑰戰爭	伊麗莎白一世繼位	英國成為海上霸主	光榮革命爆發	合併蘇格蘭	日不落帝國	瓦特改良蒸汽機	維多利亞女王繼位	加入歐盟	脫歐公投
—1453 年	15 世紀後半葉	1558 年	1588 年	1688 年	1707 年	1763 年	1781 年	1837 年	1973 年	2016 年

楓丹白露宮　法國最大的王宮之一

米其林紅色指南
米其林公司出版的美食和旅遊指南，有"美食聖經"之稱

紅酒蝸牛

先賢祠
紀念法國歷史名人

聖米歇爾山修道院
除了耶路撒冷和梵蒂岡之外，天主教的第三大聖地

黑松露
一種地下野生食用菌，難得的美味

戴高樂將軍

奢侈品
法國有許多著名奢侈品牌

盧浮宮
世界四大博物館之一，館藏有三件世界級珍寶：維納斯雕像，蒙娜麗莎畫像，勝利女神雕像。

公雞
法國的象徵

馬卡龍
一種法式夾心小圓餅

羅丹
法國偉大的現實主義雕塑藝術家

思想者

比利牛斯嚴釣羊

盧梭
法國偉大的啟蒙思想家

阿爾勒向日葵

塘鵝

凱旋門
1806 年，拿破侖為紀念戰勝俄奧聯軍而建，前後門柱上雕刻了四組象徵着"起義""勝利""抗戰"和"和平"的浮雕。凱旋門的正下方有一座無名烈士墓，時刻提醒着人們不要忘記那些因戰爭而犧牲的無名英雄。

葡萄

埃菲爾鐵塔
以設計師名字命名的法國最著名的地標建築，是為 1889 年巴黎世博會而建的，高 324米，是當時世界上最高的建築物。

香根鳶尾
法國的國花

凡爾賽宮 巴黎著名的宮殿之一

嗨！

莫奈名作《日出·印象》

莫奈 法國印象派畫家

電流單位"安培"就是以我的姓氏命名的。

安培 法國著名科學家

波爾多葡萄酒 被譽為"法國葡萄酒皇后"

栗子

普羅旺斯雜燴

法國
France

全稱：法蘭西共和國 首都：巴黎
面積：約 55.2 萬平方千米（不含海外領地）
人口：6400 多萬（本土人口）
官方語言：法語

法國位於西歐，是歐盟國土面積最大的國家。法國古稱"高盧"，後稱"法蘭克"。"法蘭克"在日耳曼語中是"勇敢、自由"的意思。法國是一個浪漫的國度，擁有悠久的歷史，是文學與藝術的殿堂。第二次世界大戰前，法國是僅次於英國的第二大殖民帝國，殖民地面積約等於本土的 20 倍。鵝肝、蝸牛、青蛙腿是法國的美食。法國還是全球最大的葡萄酒生產國。

伏爾泰 法國啟蒙思想家、文學家、哲學家

HAKESFEAREANDOCM

莎士比亞書店 巴黎有名的書店，作家們的據點

巴士底廣場七月圓柱 位於巴士底廣場中央，為紀念 1830 年法國革命再次推翻封建帝制而建

法國垂耳兔

拿破崙 法蘭西第一帝國皇帝

馬賽魚湯 擁有 2500 多年歷史的法國美食

亞歷山大三世橋

鵝肝醬

羅克福奶酪 羊奶藍霉乾酪的一種，與意大利的戈貢佐拉乾酪、英國的斯第爾頓乾酪並稱為"世界三大藍霉乾酪"

香檳酒

海蒂和爺爺 經典兒童文學《海蒂》中的角色

你一定看過我的代表作《悲慘世界》吧？

第戎芥末糊 用白葡萄汁調製的芥末醬

聖心大教堂

米洛斯的維納斯 20 年在希臘米洛斯島同發現的雕像

雨果 著名作家，被稱為"法蘭西的莎士比亞"

巴爾扎克 法國作家

法式長棍麵包 最傳統的法式麵包

普羅旺斯 薰衣草花田

巴黎聖母院 一座位於巴黎市中心的大教堂，法國著名作家雨果曾以它為背景創作了小說《巴黎聖母院》

法國 簡史
History of France

2 高盧時期

公元前 500 年前後，凱爾特人遷居於此，羅馬人稱他們為"高盧人"。高盧在拉丁語中為"雄雞"的意思，所以法國人後來也被稱作"高盧雄雞"。

拉斯科洞穴

1 史前時代

法國在史前時代就有人類文明存在。1940年，幾個少年在法國西南部的洞穴裏發現了一萬多年前的壁畫。

3 法蘭克王國

後來，羅馬軍隊征服了這裏，從此，高盧成了羅馬帝國的一部分。羅馬帝國解體後，北方的法蘭克人乘虛而入，攻佔了高盧，建立了法蘭克王國。

撲克牌上的紅桃 K 的形象就源自查理大帝。

4 查理曼帝國

法蘭克王國分分合合幾百年，直到查理大帝出現。他不僅統一了法蘭克王國，還佔領了今日西歐的大部分地區，建立了繼羅馬帝國之後的又一大帝國。查理大帝死後，帝國被他的三個孫子瓜分，後來演變成了現在的德國、法國、意大利。

6 太陽王

到了 17 世紀，法國出現了一位執政時間最長的皇帝，他就是自稱"太陽王"的路易十四。路易十四從 5 歲開始當皇帝，一當就當了 72 年。

5 百年戰爭

之後，英王和法王就法國王位繼承權的問題，打了一百多年，這就是著名的"百年戰爭"。起初，法國喪失了大片土地，節敗退，後來出現了英雄聖女貞德，在她的鼓舞下，法國士兵士氣大增，最終把英軍趕了回去。

7 啟蒙運動

18 世紀，法國爆發了遍及歐洲的啟蒙運動，湧現了一大批學者，如伏爾泰、孟德斯鳩、盧梭、狄德羅等。他們批評天主教會和專制的王權。最終法國爆發了大革命，國王被推翻。

法國出現人類活動	高盧時期	法蘭克王國	查理曼帝國		百年戰爭
約 180 萬年前	公元前 500 年—公元 5 世紀	481 年	800 年前後		1337—1453 年

8 法國大革命

法國大革命引起了其他國家君主的恐慌，他們怕革命之火燃燒到自己家門口，於是組成了反法聯盟，攻打法國，鎮壓革命。在法國內外交困之際，炮兵學專業出身的拿破侖成為法國人心目中的英雄。

9 拿破侖時期

拿破侖充分利用大炮的威力，不但打敗了反法聯盟，還橫掃歐洲，建立了法蘭西第一帝國，成了法國人的皇帝。在拿破侖帝國鼎盛時期，歐洲除了英國和沙皇俄國，其他國家要麼被法國佔領，要麼臣服於法國或者與法國結盟。拿破侖成為了歐洲霸主。

11 巴黎公社

後來，拿破侖的姪子建立了法蘭西第二帝國，但在普法戰爭中慘敗。巴黎工人爆發了起義，建立了自己的政權——巴黎公社，最後被武力鎮壓。但在法國人的不斷努力下，最終建立了更民主的共和國。

10 兵敗沙俄

拿破侖雄心勃勃，但在攻打俄國的時候吃了敗仗，兵退巴黎。反法聯盟趁機推翻了拿破侖的統治，並把他流放到了荒島上。

拿破侖·波拿巴
（1769—1821年）
法國第一帝國皇帝，軍事天才。

12 一戰中的法國

在第一次世界大戰中，法國雖然是戰勝國，但損失慘重。戰敗的德國被迫割讓土地，賠償巨額賠款。這加深了法、德之間的矛盾，成為二戰爆發的原因之一。

13 二戰中的法國

二戰中，德國出其不意地繞開了法國的馬奇諾防線，僅用6個星期就攻佔了法國。戴高樂將軍在英國建立了"自由法國"，領導抵抗運動，在同盟國的協助下，最終戰勝德國，收復了失地。

14 共同發展

戰後，法國和德國人民都認識到了戰爭帶來的巨大痛苦，他們深刻反思了戰爭，實現了民族和解，共同建立了歐洲煤鋼聯營。這個機構發展成了現在的歐盟。

亞琛大教堂

黑森林蛋糕

始祖鳥
世界上已知
最早的鳥類

施佩耶爾大教堂

柏林熊
德國首都柏林的吉祥物，現
在已經成為一種藝術形象

尼采
西方現代哲學的開創者

丟勒
著名的文藝復興時期畫家

柏林現代聚落群

《格林童話》
德國格林兄弟出版的
一本著名童話故事集

安全氣囊

古龍香水

約翰內斯・古騰堡
西方活字印刷術的發明者

阿司匹林

葡萄

歌德
著名詩人、戲劇家

白鸛
德國的國鳥

淡水鮭魚

黑格爾
唯心主義哲學的代表人物

大眾甲殼蟲

大眾出產的一款小型轎車

各種各樣的香腸

黑麥

黑麵包

梅賽德斯－平治

聖誕樹
近代，聖誕節裝
飾聖誕樹的習俗
來自德國

馬鈴薯

瓦爾登湖

新天鵝堡
坐落於阿爾卑斯山天鵝湖畔，是一
座童話般的美麗城堡。城堡的修建
者是維多利亞國王路德維希二世，
據說他十分喜歡天鵝，城堡內部也
有許多天鵝形象的裝飾。

馬丁·路德
歐洲宗教改革領袖

勃蘭登堡門
為紀念普魯士在"七年戰爭"中取得勝利而建

貝多芬
著名作曲家、鋼琴演奏家，被稱為"樂聖"

巴赫
西方近代音樂之父

國狼犬

布穀鳥鐘
德國黑森林地區特產的一種鐘錶，里面有一隻會"咕咕"報時的布穀鳥

科隆大教堂
德國最大的教堂

魏瑪包豪斯大學
名的藝術設計大學，也是世界代設計的發源地

藍莓

金雕

豬肘

扭結麵包

愛因斯坦
著名物理學家，相對論的創立者

小熊軟糖

巴伐利亞服飾
參加慕尼黑啤酒節的裝扮

德國
Germany

全稱：德意志聯邦共和國
首都：柏林
面積：約 35.7 萬平方千米
人口：8200 多萬　官方語言：德語

德國位於歐洲中部，是歐盟人口最多的國家，也是世界上經濟最發達的國家之一。德國歷史上曾湧現出貝多芬、黑格爾、愛因斯坦等名人。德國是汽車王國，擁有寶馬、平治等著名汽車品牌。童話般的新天鵝堡，見證歷史的柏林牆，壯觀的科隆大教堂，慕尼黑啤酒節，柏林愛樂樂團……這些都讓人無限嚮往。

穆斯考爾公園

德國啤酒
純正啤酒的代名詞

啤酒花
啤酒原料之一

熱葡萄酒
用肉桂、丁香等香料煮的葡萄酒，適合冬季飲用

慕尼黑啤酒節
德國的盛大狂歡節，最初為慶祝巴伐利亞王子婚禮而舉辦，至今已有 200 多年歷史

維爾茨堡宮
過去維爾茨堡主教兼大公的府邸，有"萬宮之宮"之稱

柏林牆
冷戰時期東德、西德位於柏林的分界線，後來拆除時保留了一小段

不來梅市政廳
德國最美麗的市政廳之一

梅森瓷器

保時捷

寶馬

霍亨索倫城堡

德國簡史
History of Germany

德意志：德語意為
"人民的國家"。

1 日耳曼部落

德國人的祖先是北歐的日耳曼人，當南部的羅馬建立起強大的帝國時，北邊的日耳曼人還是零散的原始部落，被羅馬人稱為"野蠻人"。這些野蠻人卻很善戰，約 2000 年前，日耳曼人在條頓堡森林把羅馬軍團打得全軍覆沒，使羅馬帝國停下了擴張的腳步。

2 西羅馬滅亡

後來，羅馬帝國分裂成東、西兩大帝國。西羅馬在奴隸起義和日耳曼人南侵的打擊下滅亡了。隨後，日耳曼人在其領土上建立起了大大小小的王國。

法蘭克王國

西法蘭克

東法蘭克
(德國)

中法蘭克

3 東法蘭克王國

在眾多的王國中，有個叫法蘭克的王國逐漸強大起來。843 年，法蘭克王國一分為三，其中東法蘭克王國就是現在德國的前身。

4 神聖羅馬帝國

962 年，東法蘭克國王奧托一世在羅馬被教皇加冕為神聖羅馬帝國皇帝，東法蘭克王國逐漸演變成神聖羅馬帝國。神聖羅馬帝國早期由擁有實權的皇帝統治，後來逐漸變成承認皇帝為最高權威的聯合體，由眾多公國、侯國、郡縣和自由城市組成。

愛因斯坦 (1879—1955 年)
偉大的物理學家，創立了相對論，還有其他眾多成就，被譽為"現代物理學之父"。

6 宗教改革

德意志強大了 300 多年，後來又被羅馬教皇制了。人們信仰上帝並交很多錢給教皇，時的德意志成了"教皇的奶牛"。有一個叫丁‧路德的神父站了出來，幫助人們擺脫了會的剝削，開展了著名的"宗教改革"。

5 厲害的 "紅鬍子"

神聖羅馬帝國時期，出現了一位強悍的君主，就是腓特烈一世。他多次進攻意大利，走一路殺一路，有人說他的鬍子是被血染紅的，意大利人稱他為"巴巴羅薩"，意思就是"紅鬍子"。"紅鬍子"當政時期，德國成為歐洲最強的國家。

日耳曼人打敗羅馬軍團	西羅馬帝國滅亡	東法蘭克王國建立	神聖羅馬帝國建立	腓特烈一世南征北戰	宗教改革爆發	普魯士崛起
約 2000 年前	476 年	843 年	962 年	1154—1186 年	1517 年	16 世紀初

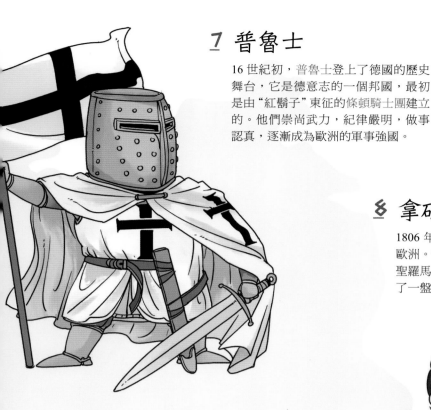

7 普魯士

16世紀初，普魯士登上了德國的歷史舞台，它是德意志的一個邦國，最初是由"紅鬍子"東征的條頓騎士團建立的。他們崇尚武力，紀律嚴明，做事認真，逐漸成為歐洲的軍事強國。

8 拿破崙來了

1806年，法國拿破崙橫掃歐洲。普魯士被打敗了，神聖羅馬帝國也被瓦解，變成了一盤散沙，諸國林立。

9 德意志聯邦

後來，普魯士聯合歐洲各國，組成了反法聯盟，在滑鐵盧打敗了法國。德意志的各個邦國團結起來組成了"德意志聯邦"。

10 德意志帝國

1862年，俾斯麥成為普魯士王國的首相。在"鐵血宰相"俾斯麥的軍事改革下，普魯士依次戰勝了丹麥、奧地利、法國，建立了強大統一的德意志帝國。

11 八國聯軍侵華

清朝末年，八個國家聯合起來進攻當時的清政府。德國元帥瓦德西任八國聯軍總司令，聯軍佔領了北京城，慈禧太后帶着光緒帝倉皇西逃。八國列強掀起了瓜分中國的狂潮。德國把山東當作自己的勢力範圍，在青島生產啤酒，誕生了今日中國著名的啤酒品牌"青島啤酒"。

39

12 一戰時期

1914年，野心膨脹的德國急着想瓜分世界，引發了第一次世界大戰。1918年，德國戰敗，失去了很多領土和殖民地，還要支付巨額的戰爭賠款。各種各樣的制裁引來了德國人民的不滿，納粹黨趁機崛起，一戰時的小兵希特勒成為德國的元首。

13 二戰時期

1939年，希特勒下令閃擊波蘭，挑起了第二次世界大戰。最終德國被盟軍打敗，於1945年無條件投降。德國被一分為二，美英控制的西德和蘇聯控制的東德，首都柏林則被雙方分割，以柏林牆為界。

14 德國的統一

1990年，世界格局再次發生重大變化，在多方努力下，分裂40多年的兩德統一。德國人徹底地反省了自己，由一個好戰的民族轉變成愛好和平的國家，但德國人那種嚴謹認真的態度卻一直保留了下來。

柏林牆

西德

拿破崙打敗普魯士　　德意志聯邦組建　　　　德意志帝國建立　　　八國聯軍侵華　　　德國挑起一戰　　　德國挑起二戰　　　東德、西德統一

1806年　　　　1815年　　　　　　1871年　　　　　1900年　　　　1914年　　　　1939年　　　　1990年

橄欖樹

橄欖

橄欖花

希臘諸神

宙斯
眾神之王

波塞冬
海神，宙斯的
哥哥，武器是
一把三叉戟

普羅米修斯
人類的創造者，為
人類盜取火種，並
因此受到懲罰

伊亞小鎮
位於聖托里尼島，是一座
童話般的美麗小鎮

藍頂教堂
希臘的標誌之一，並不是某座特定
教堂，而是所有白色牆壁、湛藍屋
頂教堂的統稱

阿波羅神廟
供奉阿波羅神的地方

沉船灣
1983 年，一艘走私船擱
淺在這裏，遺骸殘留至
今，成為獨特的風景

山羊

古希臘服飾

希臘酸奶

阿夫洛斯管
古希臘樂器，現
代管樂的始祖

葡萄酒

綿羊

畢達哥拉斯
古希臘數學家

$a^2 + b^2 = c^2$

米洛斯的
維納斯
古希臘雕塑，現
藏盧浮宮博物館

里拉琴
古希臘樂器，也是西
方最早的撥弦樂器

特洛伊木馬
古希臘神話中，希
臘聯軍用來攻克特
洛伊的中空木馬

帕特農神廟
供奉雅典娜女神的神廟，修建於約 2400 年前。當時為了紀
念雅典取得希波戰爭勝利，聯邦首領伯里克利下令修建了
雅典衛城，其中位於衛城中央的便是帕特農神廟。現在神
廟只剩下最外圍的柱廊保存比較完整，但依然十分壯觀。

古希臘三賢

蘇格拉底
西方哲學的奠基者，
主張"知識即美德"

柏拉圖
蘇格拉底的學生，客
觀唯心主義創始人

亞里士多德
柏拉圖的學生，被譽為
"百科全書式的科學家"

雅典娜
智慧與戰爭女神，也
是雅典城邦的守護神

希臘
Greece

全稱：希臘共和國　首都：雅典
面積：約 13.2 萬平方千米
人口：1000 多萬　官方語言：希臘語

希臘位於南歐，三面臨海，由伯羅奔尼撒半島和
愛琴海中大大小小 3000 多個島嶼組成。提起希
臘，我們就會想到古希臘神話、蘇格拉底、柏拉
圖等。希臘擁有幾千年歷史，是歐洲文明的發
源地，歐洲人常說"輝煌屬於希臘，偉大屬於羅
馬"。悠久的歷史讓希臘擁有無數的神廟及博物
館，奧林匹斯山在希臘神話中被認為是諸神居住
的地方，奧林匹克運動會也源於希臘。

多立克柱式

愛奧尼柱式

科林斯柱式

古希臘建築的三種主要柱式

阿伽門農黃金面具
發現於邁錫尼遺址中的黃金
面具，其實並不是阿伽門農
本人的

憲法廣場

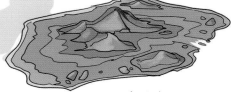
愛琴海

薩莫色雷斯的
勝利女神
古希臘雕塑，
現藏盧浮宮博物館

地中海變色龍

紅沙灘

黑沙灘

烤羊排

希臘沙拉
用菲達奶酪製作的沙拉

菲達奶酪
用山羊奶和綿羊奶
製作而成的奶酪，
深受希臘人民喜愛

慕沙卡
用羊肉餡、奶
油、芝士、茄子
一起烤製而成的
一種美食

百里香

古代奧林匹克運動會

馬拉松長跑
為紀念希波戰爭中徒步跑
回雅典傳遞勝利喜訊的士
兵而設立

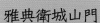

雅典衛城山門
雅典衛城的入口，原是一
座宏偉的多開間組合建築，
現在只剩下幾根石柱。

荷馬
古希臘詩人，相傳他
寫下了著名的《荷馬
史詩》

酸奶黃瓜醬

番茄

奧林匹亞遺址
希臘神話中諸神會聚之地，也
是古希臘舉行奧林匹克運動會
的地方

烤肉卷

歐幾里得
古希臘數學家，
幾何學之父

橄欖油

憲法廣場的衛兵

邁泰奧拉空中修道院

米諾斯王宮
遺址

希臘簡史
History of Greece

1 愛琴文明

4000 多年前，希倫人來到愛琴海沿岸，成為希臘人的祖先，開創了包括米諾斯文明和邁錫尼文明的愛琴文明。

2 荷馬時代

3200 多年前，希臘人的另一支祖先多利亞人入侵克里特島，希臘歷史進入了黑暗時期。這段歷史被記錄在了《荷馬史詩》中，因此這一時期又稱"荷馬時代"。

3 城邦時代

約公元前 8 世紀時，第一次奧林匹克運動會在希臘城邦奧林匹亞召開，古希臘的歷史揭開了新的一頁。這一時期，希臘半島出現了很多像小城市一樣的國家，因此被稱為"城邦時代"。希臘人不僅創造了文字、貨幣，還創造了影響深遠的希臘神話。

4 希波戰爭

• 馬拉松戰役

公元前 5 世紀時，波斯入侵希臘，雅典軍隊在馬拉松打敗了波斯軍隊。一個名叫斐里庇得斯的士兵，為了傳遞勝利的消息，一路跑回雅典，最後力竭而亡。人們為了紀念他，設立了馬拉松長跑。

斐里庇得斯一共跑了 42.195 千米，這也是現在馬拉松長跑的距離。

我們贏了！

•• 溫泉關戰役

幾年後，波斯再次入侵希臘。希臘城邦聯軍在溫泉關與百萬波斯軍隊廝殺，重創波斯軍隊。但由於叛徒引路，波斯軍隊開始進攻希臘城邦聯軍後方。為了掩護友軍撤退，斯巴達國王率領 300 勇士死守溫泉關，最後全軍覆沒。後來，希臘聯軍在薩拉米斯海戰中打敗了波斯。

∴ 第三次入侵

不甘心的波斯王又派了 5 萬大軍再度進攻希臘，希臘城邦聯軍在布拉底附近打敗了波斯軍隊，殺死了波斯大將。一年後，以雅典為首的希臘城邦聯軍反攻波斯，佔領了波斯的大片土地，波斯從此一蹶不振。

5 伯羅奔尼撒戰爭

希波戰爭幾十年後，希臘幾百個城邦捲入了規模空前"希臘世界大戰"，這就是著名的"伯羅奔尼撒戰爭"這場戰爭給繁榮的希臘帶來了幾乎毀滅性的災難。

愛琴文明產生	進入荷馬時代	城邦時代	希波戰爭開始	溫泉關戰役	希波戰爭結束	伯羅奔尼撒戰爭爆發	馬其頓征服希臘
4000 多年前	3200 多年前	公元前 8—公元前 6 世紀	公元前 492 年	公元前 480 年	公元前 449 年	公元前 431 年	公元前 338 年

6 馬其頓的崛起

馬其頓本是希臘北部的小城邦，在希臘城邦混戰之際迅速崛起，征服了整個希臘。馬其頓國王亞歷山大隨後遠征東方，消滅波斯帝國，一直打到了印度西北部，使馬其頓成為一流強國。

亞歷山大大帝推崇並傳播了希臘文化，所以這個時代也被稱為"希臘化時代"。

7 古羅馬帝國的統治

好景不長，隨着亞歷山大大帝去世，馬其頓帝國分崩離析，希臘也變成了一盤散沙，這成為希臘走向衰落的開始。此後，希臘被羅馬帝國統治 1000 多年。

8 奧斯曼帝國的統治

後來，希臘又被奧斯曼帝國統治了近 400 年。直到 1827 年，希臘人民通過獨立戰爭，才擺脫了奧斯曼帝國的統治。

9 現代希臘

在兩次世界大戰中，希臘都戰勝了侵略者。二戰後成立的希臘共和國，加入了歐盟大家庭。2004 年，希臘雅典成功舉辦第 28 屆奧林匹克運動會，再次煥發出古希臘的青春活力。

亞歷山大大帝

（公元前 356—公元前 323 年）

馬其頓國王、軍事家，征服了希臘、埃及，消滅波斯，建立了亞歷山大帝國。

43

羅馬征服希臘	奧斯曼帝國統治希臘	希臘獨立	希臘共和國誕生	雅典奧運會
公元前 168 年	15 世紀中期	1827 年	1974 年	2004 年

比薩斜塔
因地基沙化和下沉而不斷傾斜

拉斐爾
文藝復興三傑中最年輕的一位，創作了大量的聖母像，被譽為"聖母畫家"

維蘇威火山

葡萄酒

提拉米蘇

葡萄

龐貝古城
因 79 年維蘇威火山噴發而被掩埋的城市

意式冰激凌

檸檬

玻璃水晶
歷史上的威尼斯共和國是世界較早掌握玻璃法的國家

米開朗基羅
偉大的雕塑家、畫家，文藝復興三傑之一

大衛雕像
米開朗基羅的代表作之一

米蘭埃馬努埃萊二世拱廊
著名的奢侈品購物天堂

在阿爾卑斯山滑雪

蕾絲手帕

古羅馬鬥獸場
位於羅馬市中心，是羅馬帝國時期專供貴族和富人觀看鬥獸表演和奴隸決鬥的地方，能夠同時容納 5 萬名觀眾。這裏也是古羅馬最大的鬥獸場，過去曾有無數角鬥士和野獸在這裏喪生。現在鬥獸場雖然有所損毀，但依然是羅馬市的城市名片。

君士坦丁凱旋門
為紀念君士坦丁大帝統一羅馬帝國而建

各種奢侈品牌

足球

月桂樹

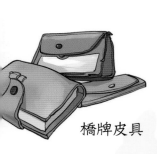

橋牌皮具

達·芬奇
文藝復興三傑之一，被譽為"全能天才"

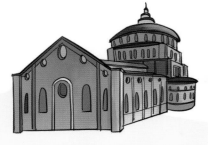

聖瑪利亞修道院
達·芬奇就是在這家修道院的餐廳牆壁上畫下了著名的《最後的晚餐》

意大利
Italy

全稱：意大利共和國　　首都：羅馬

面積：約 30.1 萬平方千米

人口：6000 多萬

官方語言：意大利語

意大利位於歐洲南部，領土形狀就像一個伸進地中海的靴子，領土內還包括聖馬力諾和梵蒂岡兩個微型國家。這裏曾是輝煌一時的古羅馬帝國，首都羅馬幾百年間都是歐洲的政治中心。文藝復興最先從這興起，湧現出達·芬奇、米開朗基羅等藝術巨匠。這裏還有 1900 多年前毀於火山爆發的龐貝古城、美麗的水城威尼斯、美味的意大利披薩……

威尼斯面具

威尼斯狂歡節
世界上規模最大的狂歡節之一，人們戴着面具，身穿盛裝前來參加

灰狼
羅馬帝國的象徵

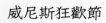

卡布奇諾

白露里治奧古城
一座屹立在山頂上的城堡，宮崎駿《天空之城》的原型

伽利略望遠鏡
伽利略發明的用來觀測天體的天文望遠鏡

伽利略
偉大的天文學家、物理學家、數學家，論證了"日心說"，提出了自由落體定律

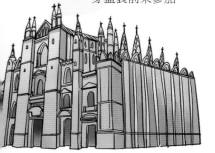

米蘭大教堂
世界上最大的哥特式教堂，拿破侖曾在此舉行加冕儀式

但丁
文藝復興時期的偉大詩人，創作了長詩《神曲》

萬神殿
羅馬帝國時期用來供奉奧林匹亞山諸神的神殿

花之聖母大教堂
位於"花之都"佛羅倫薩，以巨大的圓形穹頂聞名於世

意式披薩
意大利那不勒斯是披薩的發源地

生火腿
可以生吃的火腿

墨魚汁意大利麵

T 骨牛排

匹諾曹
童話故事《木偶奇遇記》中的角色

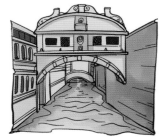

歎息橋
位於水城威尼斯，因囚犯從一端的總督府，走向另一端的監獄時發出的歎息聲而得名

貢多拉
威尼斯的主要交通工具

意式濃縮咖啡

肉醬千層麵

法拉利汽車

意大利麵

秀尼魚龍

意式餛飩

羅馬許願池
也稱"幸福噴泉"，據說只要背對水池反手將硬幣投入水中，就能實現願望

薩拉米
一種風乾火腿

莫扎里拉奶酪

史上最長的魚龍，有 21 米長

意大利簡史
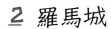
History of Italia

古羅馬城是河水沖積而成的，河岸上有七座山丘。

1 史前時期

早在 4000 多年前，亞平寧半島上就有人類部落居住了。後來，腓尼基人、凱爾特人，陸續來到了現在的意大利，古希臘人也在這裏建立起很多城邦。

2 羅馬城

在眾多的城邦中，羅馬對後來影響最大、地域最廣。傳說，由母狼養大的羅慕路斯和雙胞胎弟弟雷穆斯建立了羅馬城，羅慕路斯就是首任國王。母狼哺嬰青銅雕像也成為現在羅馬市的象徵和城徽。

3 羅馬共和國

羅馬陸續征服了周邊的城邦，於公元前 510 年建立了羅馬共和國。共和國的最高行政長官叫"執政官"，由貴族組成的元老院選舉產生，任期一年。

意大利半島

反抗

4 斯巴達克斯起義

羅馬在擴張中俘虜了大量戰俘，他們把身強體壯的戰俘送進鬥獸場，讓他們互相殘殺，或者和猛獸搏鬥，來消遣娛樂。後來，一個叫斯巴達克斯的戰俘發動了起義，這就是斯巴達克斯起義。

5 獨裁官凱撒

公元前 44 年，凱撒被任命為終身獨裁官，成為羅馬世界的最高主宰者。凱撒政權實質上是君主專制政權，他的獨裁統治與改革措施引起了政敵的不滿，後來在元老院被刺殺。

6 羅馬帝國

凱撒死後，他的甥孫（同時也是他的養子）屋大維建立了強大的羅馬帝國，開創了元首政治。屋大維統治羅馬帝國長達 40 餘年，使羅馬帝國進入了稱霸世界、橫跨歐亞非三大洲的大帝國時代。那時候歐洲和北非的大部分地區都屬於羅馬帝國，地中海成了羅馬帝國的內海。

7 羅馬帝國分裂

395 年，羅馬帝國分裂為東、西兩部分。西羅馬帝國控制了意大利本土。476 年，西羅馬帝國滅亡，西歐和北非進入了封建社會。此後，意大利各地出現了許多城邦，商業貿易很發達。

亞平寧半島上有人類居住		羅馬建城	羅馬共和國建立		斯巴達克斯起義	凱撒遇刺	羅馬帝國建立
4000 多年前		約公元前 600 年	公元前 510 年		公元前 73 年	公元前 44 年	公元前 27 年

8 文藝復興

從 14 世紀開始，意大利出現了許多藝術家，他們藉助復興古希臘和古羅馬文化的契機，表達自己的想法，這就是著名的"文藝復興"運動。達·芬奇、米開朗基羅、拉斐爾等都是這一時期的藝術家代表。

10 一戰中的投機家

第一次世界大戰中，意大利先是與德國、奧匈帝國簽署了同盟國協議。但到了 1915 年，卻又悄悄加入協約國一方，對原盟友奧匈帝國開戰，成為一戰中的投機家。

9 意大利的統一

在人民復興運動的努力下，1861 年意大利王國建立。9 年後，結束了長期分裂狀態，完成意大利的統一。

屋大維 （公元前 63—公元 14 年）

羅馬帝國的第一位皇帝。

47

11 二戰中的軸心國之一

二戰時，墨索里尼控制的意大利加入了納粹德國的軸心國行列，但他們的士兵不復羅馬時代之勇，在戰場上屢屢失利，使得希特勒不得不分兵去援助這個隊友，最終被反法西斯聯盟軍打敗。

12 阿爾卑斯山南面的奇跡

二戰後，意大利成立了共和國，並和歐洲其他國家共同建立了歐共體，經濟快速增長，被稱為"阿爾卑斯山南面的奇跡"。

羅馬帝國分裂		文藝復興	意大利王國建立	走上法西斯道路	參與建立歐洲煤鋼聯營
395 年		1400 年前後	1861 年	1921 年	1951 年

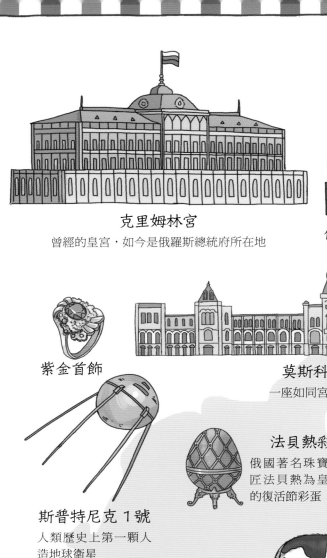

克里姆林宮
曾經的皇宮，如今是俄羅斯總統府所在地

俄羅斯國家歷史博物館

莫斯科大馬戲團
歷史悠久的馬戲團

彼得大帝青銅騎士像
普希金長詩《青銅騎士》的原型

芭蕾舞

紫金首飾

莫斯科國立百貨商場
一座如同宮殿般豪華的百貨商場

貝加爾湖
世界上最古老的湖，被譽為
"西伯利亞的一滴眼淚"

列夫‧托爾斯泰
著名的批判現實主義作家

斯普特尼克 1 號
人類歷史上第一顆人
造地球衛星

法貝熱彩蛋
俄國著名珠寶首飾工
匠法貝熱為皇室製作
的復活節彩蛋

喀山大教堂
教堂內供奉着俄羅斯東正教聖
物《喀山聖母像》

北極狐

西伯利亞雪
橇犬

手風琴

木頭垛房子

華麗的莫斯科地鐵站

破冰船

伏特加

套娃

俄式腌黃瓜

聖瓦西里大教堂
著名的"洋蔥頭"教堂，坐落在莫斯
科紅場，有九個童話般色彩鮮豔的圓
頂。16 世紀時，伊凡四世為紀念戰勝
喀山汗國而修建了這座教堂，不過當
時並沒有這些圓頂，是後來改建時添
加的。

紅場衛兵

冬宮
原為俄國沙皇皇宮，現為世界四大博物館之一艾爾米塔什博物館的一部分

夏宮
歷代沙皇的郊外離宮，有"俄羅斯凡爾賽"之稱

魯巴哈
傳統女性服飾

俄羅斯
Russia

全稱：俄羅斯聯邦　　首都：莫斯科
面積：約 1700 萬平方千米
人口：約 1.4 億　　官方語言：俄語

俄羅斯地跨歐亞兩洲，是世界上國土面積最大的國家。由於地理位置靠北，俄羅斯的冬季寒冷而漫長，最低溫度曾到零下 80 多攝氏度。惡劣的環境塑造了俄羅斯人頑強的性格，俄羅斯人也因此被稱為"戰鬥民族"。俄羅斯的森林、礦產、石油、天然氣等自然資源十分豐富。蘇聯解體後，俄羅斯繼承了蘇聯的大部分軍事力量，是僅次於美國的世界第二軍事大國。

克羅諾基火山

西伯利亞大鐵路
世界上最長的鐵路，旅程 7 天 7 夜

列賓
俄國繪畫大師，著名的《伏爾加河上的縴夫》是他的作品

多木拉琴

羊皮禦寒大衣

淑巴

傳統俄式鬆餅

冰釣

"阿芙樂爾號"輕型巡洋艦

AK-47 突擊步槍

列巴
俄羅斯的主食麵包

二戰時期的蘇聯紅軍

雪姑娘
俄羅斯民間童話中為人們送來新年祝福的人

羅宋湯
用甜菜熬製的濃湯

西伯利亞落葉松

魚子醬

棕熊

北極熊

列寧
十月革命領導人

普希金
詩人、文學家，俄羅斯現代文學的創始人

猛獁象
生活在寒冷地區的長毛大象，約 5000 年前滅絕

俄羅斯餃子

俄式肉凍

冬泳

門捷列夫
化學家，發現了元素週期

契訶夫
著名的短篇小說家

尤里·加加林
第一個進入太空的人

柴可夫斯基
偉大的作曲家

白樺樹

滴血救世主教堂

俄羅斯 簡史
History of Russia

烏克蘭境內有條第聶伯河，它的
支流名為羅斯河。相傳，俄羅斯
的名稱就源於這條河。

1 東斯拉夫人

俄羅斯的歷史起源於東歐平原
上的東斯拉夫人。東斯拉夫人
也是後來的俄羅斯人、烏克蘭
人和白俄羅斯人的共同祖先。

2 留里克王朝

862 年，瓦里亞格首領留里克擔任羅斯國第一任王公，開始了留里克王
朝的統治。留里克死後，他的繼任者將都城遷到了基輔，從此開始了
基輔羅斯的統治。

3 基督教傳入

988 年，基督教成為羅斯國國教，基督
也是對東歐影響最大、最深遠的宗教。

4 蒙古人的統治

900 多年前，基輔羅斯分裂成許多獨
立的小公國。成吉思汗的孫子拔都擊
敗這些小公國，建立了金帳汗國。金
帳汗國統治時間長達 240 年。

5 莫斯科公國

在蒙古人統治時期，原本只是個小鎮的
斯科逐漸發展起來，建立了以莫斯科為
都的莫斯科公國。莫斯科公國擺脫了蒙
人的統治，並接連吞併其他公國，最終
為當時歐洲面積最大的國家。

彼得大帝 (1672—1725 年)
即彼得一世，羅曼諾夫王朝沙皇，在位
期間力行改革，使俄國成為現代化國家。

6 第一位沙皇誕生

1533 年，年僅三歲的伊凡四世繼
位，宮廷鬥爭讓他多疑而殘酷，被
稱為"恐怖的伊凡"。他在位期間，
首次使用了"沙皇"的稱號。伊凡
四世去世後不久，俄羅斯就進入了
"混亂時代"。

7 羅曼諾夫王朝

這時，波蘭趁俄羅斯混戰，武裝侵略
羅斯。在面臨被瓜分和滅亡的危急關頭
人民群眾和愛國貴族、將領挺身而出
反抗侵略者。1613 年，米哈伊爾·羅
諾夫當選沙皇，羅曼諾夫王朝開始了

8 彼得大帝

1682 年，彼得大帝繼位。後來，他改國號為"俄羅斯帝國"，
並勵精圖治，向西方學習新的技術。俄羅斯很快就發展成東歐
強國。彼得大帝把首都遷移到了聖彼得堡，一直持續到 1918 年。

留里克王朝建立	基督教傳入	蒙古人佔領基輔羅斯	莫斯科大公國興起	"沙皇"伊凡四世繼位	羅曼諾夫王朝建立	彼得大帝繼位
862 年	988 年	1240 年	14 世紀初	1533 年	1613 年	1682 年

9 葉卡捷琳娜二世

1762 年，葉卡捷琳娜成為俄羅斯女皇。這時，俄羅斯向周圍的鄰國發動了多次戰爭，從奧斯曼、波蘭等國搶來了大片的土地。俄羅斯的領土空前膨脹，這一時期被稱為俄羅斯帝國的"黃金時期"。

布爾什維克黨：俄語意思為"多數派"，列寧創建的俄國無產階級政黨。
蘇聯：即蘇維埃社會主義共和國聯盟，由 15 個加盟共和國合併而成，是當時世界上國土面積最大的國家。
蘇維埃：即"代表會議"，由民眾選出的代表組成政權機構。

10 打敗拿破侖

1812 年，拿破侖率 61 萬大軍進攻俄羅斯。"俄法戰爭"爆發。兩年後，俄羅斯擊退了拿破侖的入侵，並與反法聯軍攻入法國巴黎。這時的俄羅斯已經是世界強國之一了。

11 蘇維埃共和國

過了 100 多年，已經衰落的俄國參加了第一次世界大戰，導致經濟崩潰。末代沙皇尼古拉二世被推翻，羅曼諾夫王朝滅亡。1917 年，列寧領導了"十月革命"，世界上第一個社會主義國家建立。1922 年，蘇維埃社會主義共和國聯盟（簡稱"蘇聯"）成立了。

莫斯科

51

12 二戰時期

二戰時期，納粹德國向蘇聯發動了代號"巴巴羅薩"的突襲，一直打到莫斯科城下。蘇聯人民在斯大林的領導下，發起了"衛國戰爭"。1945 年，蘇軍與盟軍攻克德國首都柏林，迫使納粹德國投降。蘇聯一躍成為世界強國。

北約

14 蘇聯解體

1991 年 12 月 26 日，蘇聯國旗從克里姆林宮緩緩降下，蘇聯宣佈解體，15 個加盟共和國紛紛獨立。1992 年，俄羅斯恢復了歷史上的名字，直到現在。

俄羅斯繼承了蘇聯在聯合國安全理事會常任理事國的席位，成為五個常任理事國之一。
常任理事國有中國、俄羅斯、英國、法國和美國。

蘇聯

華約

13 美蘇爭霸

二戰後，蘇聯成為可以與美國實力相抗衡的世界超級大國。
這時，蘇聯開始與美國在全球爭霸，在科技、軍事、太空等領域相互競賽，並大量製造戰爭武器。

常任理事國

冷戰：1947 年至 1991 年的44 年間，以美國為首的資本主義陣營國家，與以蘇聯為首的社會主義陣營國家之間在政治、經濟、科技、軍事等方面的爭鬥。

馬德拉群島
（葡萄牙）

直布羅陀海峽

拉巴特
摩洛哥

阿爾及爾

突尼斯
突尼斯

加那利群島
（西班牙）

的黎波

阿爾及利亞

西撒哈拉

毛里塔尼亞

馬里

尼日爾

佛得角

佛得角群島

普拉亞

努瓦克肖特

尼日
爾

達喀爾
塞內加爾

班珠爾
岡比亞

比紹

幾內亞比紹

科納克里

弗里敦
塞拉利昂

蒙羅維亞

大

幾內亞

利比里亞

巴馬科

科特迪瓦

亞穆蘇克羅

瓦加杜古

布基納法索

加納

多哥

阿克拉

尼亞美

河

貝寧

波多諾伏
洛美

尼日利亞

阿布賈

恩賈

喀麥隆

雅溫得

幾內亞灣

馬拉博
赤道幾內亞
聖多美
聖多美和普林西比

利伯維爾

加蓬

布拉柴維

金

西

安哥拉

羅安達

阿森松島
（英國）

洋

聖赫勒拿
（英國）
詹姆斯敦

南
美
洲

非洲
AFRICA

　　非洲是僅次於亞洲的世界第二大洲，包括 57 個國家和地區，面積約 3020 萬平方千米。非洲人口約 11.57 億，約佔世界人口總數的 15.92%，僅次於亞洲。非洲全稱"阿非利加洲"，意思是"氣候炎熱的地方"，年平均氣溫在 20℃以上的地區佔非洲總面積的 95%。非洲也是世界上沙漠面積最大的洲，擁有世界上面積最大的撒哈拉沙漠。尼羅河是非洲最長的河流，這裏曾孕育了燦爛的古文明，古埃及的雄偉建築——金字塔至今仍聳立在尼羅河畔。

　　非洲大部分居民屬於黑色人種，是世界上民族成份最複雜的洲。二戰前，非洲只有 3 個獨立國家。二戰後，非洲國家紛紛獲得獨立。非洲擁有豐富的資源，但是經濟相對落後，是地球上最貧窮的大洲。

亞　洲

地中海

紅海

亞丁灣

阿拉伯海

印

度

洋

比亞

開羅

尼羅河

埃及

蘇丹

喀土穆

厄立特里亞

阿斯馬拉

吉布提
吉布提

亞的斯亞貝巴

索馬里

埃塞俄比亞

作得

中非

南蘇丹

朱巴

吉

果河

剛果民主共和國

烏干達

坎帕拉

肯尼亞

摩加迪沙

維多利亞湖

內羅畢

盧旺達
基加利
布瓊布拉
布隆迪

坦桑尼亞

達累斯薩拉姆

坦噶尼喀湖

哥拉

馬拉維

贊比亞

盧薩卡

西

比

贊

河

利隆圭

莫桑比克

哈拉雷

津巴布韋

比亞

和克

博茨瓦納

哈博羅內

比勒陀利亞

馬普托

姆巴巴內

斯威士蘭

馬塞盧
萊索托

南非

莫桑比克海峽

新胡安島

印度礁

歐羅巴島

科摩羅
莫羅尼
科摩羅群島

格洛里厄斯群島

馬約特島

特羅姆蘭島

馬達加斯加

塔那那利佛

塞舌爾群島
阿米蘭特群島

維多利亞
塞舌爾

阿加萊加群島
（毛里求斯）

卡加多斯-卡拉諾斯群島
（毛里求斯）

毛里求斯
路易港

羅德里格斯島
（毛里求斯）

聖但尼
留尼汪
（法國）
馬斯克林群島

古埃及

古埃及是四大文明古國之一，位於非洲東北部尼羅河中下游地區。古埃及人不僅有自己的象形文字，還修建了巨大的金字塔、神廟、方尖碑，並創立了世界上最先進的醫學體系。在建築、數學、幾何、曆法等眾多方面，古埃及都達到了相當的高度。

皮塔餅
內部空心的麵餅，又
叫"口袋麵包"

阿里他娘
用牛奶、布丁、堅果
等製作而成的甜食

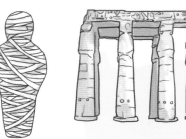

木乃伊

卡納克神廟
埃及最大、保存最完整的阿蒙神廟

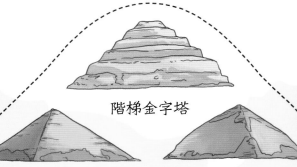

階梯金字塔

紅色金字塔　　　　**彎曲金字塔**

水煙壺

鯊齒龍

埃及眼鏡蛇

卡巴布
埃及傳統烤肉串

錦葵湯
用錦葵製作的綠色濃湯

紅海浮潛

埃及國家博物館
世界聞名的大型博物館之一，藏有豐富的
法老時期文物，因此又叫"法老博物館"

圖特摩斯三世
古埃及法老，被稱
為"古代世界的拿
破侖"

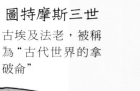

埃及白睡蓮

烤鴿子

古埃及服飾

古埃及象形文字

腰衣　　**筒形連衣裙**

富爾
埃及傳統食物，
蠶豆、洋蔥、橄
油等製作而成

紙莎草
在古代埃及
被用來製作
紙張和小船

羅塞塔石碑
石碑上用三種語言刻下了一
位古埃及國王的登基詔書

椰棗

棗椰樹

獅身人面像
位於哈夫拉金字塔旁，高約 20 米，
雕刻的是古埃及神話中的獅身人面獸
斯芬克斯。除了獅爪以外，整個雕塑
全部由一塊天然巖石雕刻而成，是現
存已知最古老的紀念雕塑。

單峰駱駝

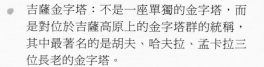

在撒哈拉沙漠
騎駱駝

● 吉薩金字塔：不是一座單獨的金字塔，而
是對位於吉薩高原上的金字塔群的統稱，
其中最著名的是胡夫、哈夫拉、孟卡拉三
位長老的金字塔。

阿斯旺水壩

門農巨像

庫莎麗
用米飯、空心粉、洋蔥、鷹嘴豆、番茄醬等混合製作而成

香精

紙莎草畫

龐貝柱

西奈山
傳說中先知摩西悟道的地方

埃及
Egypt

全稱：阿拉伯埃及共和國
首都：開羅
面積：約 100 萬平方千米
人口：9000 多萬
官方語言：阿拉伯語

埃及地跨亞、非兩洲，大部分領土位於北非，全國 90% 以上為沙漠，是典型的沙漠之國，世界最長的河流——尼羅河縱貫其中。埃及是世界四大文明古國之一，也曾是世界上最早的王國，擁有 5000 多年的歷史，素有"世界名勝古跡博物館"之稱。埃及有神秘的木乃伊和獅身人面像，那些大大小小的金字塔更是人類建築史上的奇跡。

古埃及假髮
據說為了避免生蝨子，古埃及人剃光頭、戴假髮

裝木乃伊的人形棺材
面繪有死者的肖像，據說是為讓死者的靈魂認出自己

阿布辛貝神廟

刻畫銅盤

圖坦卡蒙黃金面具

古埃及諸神

阿蒙神
諸神之神

太陽神拉神
世界的創造者

奧西里斯
豐饒之神、冥神

柯夫塔
把羊肉切碎後做成丸子，穿到木條上烤製而成

方尖碑
古埃及崇拜太陽的紀念碑

穆罕默德·阿里清真寺

尼羅河帆船
不使用發動機，用風帆助力前行

黑白沙漠

宰娜白的手指
形狀酷似女子手指的甜點

帝王谷
繼金字塔之後，古埃及法老的主要陵墓所在地

凱特貝城堡
在亞歷山大燈塔原址上修建的城堡

克利奧帕特拉七世
著名的"埃及豔后"

孟卡拉金字塔
第三大金字塔，約有另外兩座的十分之一大。

哈夫拉金字塔
第二大金字塔，比胡夫金字塔矮 1 米，但因為建在山丘上，所以看上去比胡夫金字塔高一些。

胡夫金字塔
埃及最大的金字塔，原高 146.5 米，因為風吹日曬，現在只剩約 137 米。

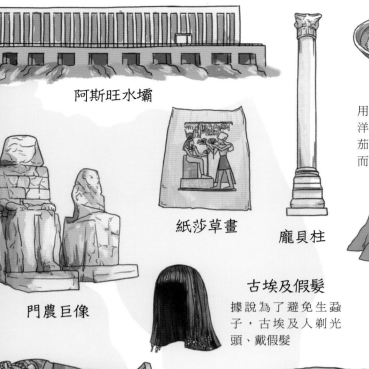

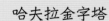

埃及簡史
History of Egypt

1 史前的埃及

約 1 萬—2 萬年前，由於氣候發生重大變化，北非的大部分地區變成不毛之地。人們逐漸聚集到尼羅河流域生活，那裏留存着許多史前人類遺跡。

2 古埃及

約 8000 年前，尼羅河地區出現了許多小邦國。國家之間戰爭不斷，最後形成了上埃及和下埃及兩個國家。象形文字也在這一時期出現了。

尼羅河流域

3 第一個法老美尼斯

5000 多年前，上埃及的國王美尼斯統一了埃及，創建了埃及第一王朝，他就是古埃及的第一個法老。美尼斯在位 62 年，後來在一次打獵中，不幸被河馬襲擊身亡。

法老：原意為"宮殿"，後來成為古埃及國王專用的稱呼。

美尼斯十分英勇善戰，他征服下埃及後，還發動過多次對外戰爭。

克利奧帕特拉七世

（公元前 69—公元前 30 年）

通稱『埃及豔后』，古埃及托勒密王朝最後一個女法老，才貌出眾，擅長耍手段，一生留下了許多逸聞。

4 金字塔

大約在中國黃帝時期，埃及的左塞爾法老修建了作為陵墓的第一座金字塔。隨着古埃及的國力強盛，後來的金字塔越建越大，到了法老胡夫時，建造出了世界上最大的金字塔——胡夫金字塔。

胡夫：埃及第四王朝法老，統治埃及數十年。

5 馬其頓帝國統治

2300 多年前，馬其頓國王亞歷山大征服了埃及，歷時近 3000 年的"法老時代"結束。埃及變成馬其頓帝國的一部分。

6 埃及豔后

亞歷山大死後，他的帝國被部下迅速瓜分。一個叫托勒密的將軍，在埃及建立了托勒密王朝。王朝的最後一個法老是克利奧帕特拉七世，即世人熟知的"埃及豔后"。

7 羅馬帝國統治

公元前 30 年，羅馬皇帝屋大維征服了埃及，埃及成了羅馬帝國的一個行省，是羅馬帝國最重要的糧食生產地。

8 阿拉伯與諸王朝

7 世紀時，埃及被阿拉伯人攻克，成為一個伊斯蘭國家。此後埃及相繼出現了法蒂瑪、阿尤布、馬木路克等多個王朝。直到 1517 年，馬木路克被奧斯曼土耳其滅亡，埃及成為奧斯曼帝國的一部分。

9 穆罕默德・阿里

1798 年，拿破侖率領的法國軍隊侵入埃及。1801 年，在埃及人民和外國聯軍的內外夾擊下，法軍被迫撤離埃及。1805 年，穆罕默德・阿里被擁戴為埃及的新領袖。他統一了埃及並進行了一系列改革，使埃及成為當時的軍事強國。穆罕默德・阿里也被視為現代埃及的奠基人。後來，埃及淪為英國的保護國。

10 一戰的埃及

1914 年，一戰爆發後，英國橫徵暴斂，使埃及民不聊生。幾年後，埃及爆發了轟轟烈烈的反英鬥爭，英國被迫承認埃及獨立，但仍舊控制着埃及政府。

11 二戰的埃及

二戰時，埃及軍隊幫助英軍打敗了德國的隆美爾機械軍團，並把他們趕出了北非。

57

12 共和國

戰後，由納賽爾領導的自由軍官組織發動革命，奪取了政權，隨後廢除世襲君主制，成立了共和國。

阿拉伯人佔領埃及	奧斯曼帝國開始統治埃及	穆罕默德・阿里開始統治埃及	埃及成為英國保護國	埃及共和國成立
642 年	1517 年	1805 年	1882 年	1953 年

馬賽克花紋

艾西拉塗鴉牆

阿伊特本哈杜杜
古代柏柏爾人用泥土搭建的房子

橄欖

煮蝸牛

藍白小鎮舍夫沙萬

柑橘

棘龍
長有背帆的恐龍，主要生活在水中

蒼羚

庫圖比亞清真
寺尖塔
修建尖塔的泥漿中混
入了大量香料，能一
直散發出香氣

仙人掌果

柏柏爾人
生活在非洲西北部
的古老民族

在撒哈拉沙漠宿營

仙人掌

哈桑二世

薄荷

薄荷茶

皮革加工
將皮革浸泡在染缸裏，染出各種色彩

哈桑二世清真寺
位於達爾貝達的大西洋海岸上，是前
摩洛哥國王哈桑二世發起並籌資修建
的。清真寺有三分之一面積建在海
上，外觀十分美麗脫俗，如今已經成
為達爾貝達的著名地標。這也是世界
第三大清真寺，禮拜殿和廣場可以容
納 10 萬人做禮拜。

玫瑰谷

《北非諜影》
令摩洛哥港口城市達爾貝達（舊稱"卡薩布蘭卡"）名聲大噪的電影

玫瑰精油

摩洛哥拖鞋

傑馬夫納廣場

摩洛哥
Morocco

全稱：摩洛哥王國　　首都：拉巴特
面積：約 45.9 萬平方千米
人口：3300 多萬
官方語言：阿拉伯語

摩洛哥在非洲的最北面，雖然處在撒哈拉沙漠的邊緣，但這裏靠近地中海和大西洋，是一個沿海的阿拉伯國家，與西班牙、葡萄牙隔海相望，氣候宜人，草木茂盛，被稱為"北非的後花園"。作為非洲最古老的國家之一，小小的摩洛哥集中了多處世界遺產，擁有著名的四大皇城。阿甘果、椰棗和仙人掌是這裏的三寶。

古斯古斯
摩洛哥人民的主食之一，外形像小米，但其實是把麥粉揉成細小顆粒後蒸製而成的

牛羊肉雜碎

棗椰樹

鮮榨果汁

椰棗
棗椰樹的果實，被稱為"沙漠麵包"，非常好吃

塔吉鍋
一種帶"尖帽子"的陶鍋，是摩洛哥的常用炊具。同時也指用這種鍋做的菜

地毯

燃畫

布日盧藍門
一座外側鑲滿藍色馬賽克瓷磚的城門

摩洛哥蒸汽浴

阿里·本·優素福神學院
北非最大的學習《古蘭經》的學院，距今已有 600 年歷史

哈桑塔

巴迪皇宮
意為"無與倫比的皇宮"

阿甘果
阿甘樹的果子，又叫"摩洛哥堅果"，果油是純天然的護膚品

馬約爾花園

非洲野貓

耳廓狐

沙漠巨蜥

鷹嘴果

身穿卡夫坦長衫的女性

穿越撒哈拉沙漠的駱駝商隊
1000 多年前，柏柏爾人開闢了著名的穿越撒哈拉沙漠的通商路線

摩洛哥 簡史

History of Morocco

1 柏柏爾人

摩洛哥最早的居民是柏柏爾人，他們為原始部落，主要從事遊牧業和簡單的穀物種植。

柏柏爾人：拉丁語意為"野蠻人"。

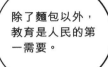

除了麵包以外，教育是人民的第一需要。

漢尼拔：北非古國迦太基著名將領，曾多次以少勝多重創羅馬軍隊，被視為"戰略之神"。

如果戰神漢尼拔還在就好了！

2 羅馬帝國的統治

2世紀時，軍事擴張中的羅馬帝國，佔領摩洛哥，在摩洛哥建立了兩個行省。

3 阿拉伯人佔領

7世紀時，阿拉伯人進入摩洛哥，傳入了伊斯蘭教，並建立了摩洛哥歷史上第一個阿拉伯王國。

4 漫長的統治

之後的幾百年裏，摩洛哥一直在阿拉伯人的統治之下。到了馬林王朝時，開始衰落，出現了分裂局面。

哈桑二世（1929—1999年）

摩洛哥國王，在位期間領導摩洛哥頒佈了第一部憲法。

柏柏爾人建立部落聯盟	羅馬帝國在摩洛哥建立行省	阿拉伯人入侵摩洛哥
約公元前1000年	2世紀	7世紀

5 列強來了

從 15 世紀開始，歐洲列強先後來到了摩洛哥，控制了摩洛哥的大西洋沿岸地區。

6 阿拉維王朝

17 世紀時，摩洛哥的阿拉維在首領謝里夫・拉希德的領導下，發動"聖戰"，統一了摩洛哥，建立了阿拉維王朝，一直延續至今。在伊斯瑪儀統治時期，打垮西方列強的武力滲透，使摩洛哥一度進入強盛時期。

7 殖民者入侵

伊斯瑪儀死後，國家再度陷入混亂。歐美列強趁摩洛哥內亂，又再度入侵。最後，法國佔領了摩洛哥首都，並與西班牙瓜分了摩洛哥。

殖民時期的摩洛哥士兵

8 獨立運動

二戰後，摩洛哥人進行了一系列的鬥爭，終於在 1956 年脫離殖民統治，獲得了獨立。1957 年 8 月 14 日，摩洛哥定國名為摩洛哥王國，蘇丹改稱國王。

9 穆罕默德六世

1999 年 7 月 30 日，王儲西迪・穆罕默德登基，稱穆罕默德六世，是阿拉維王朝第 22 位君主。

61

歐洲列強開始入侵	阿拉維王朝建立		摩洛哥成為法國保護國	摩洛哥獨立	穆罕默德六世登基
15 世紀	17 世紀中葉		1912 年	1956 年	1999 年

亞洲　北　冰　洋

楚科奇海

波弗特海

阿圖島

白令海　聖馬修島　聖勞倫斯島

阿留申群島（美國）

努尼瓦克島

美國

馬更些河

大熊湖

太

大奴湖

阿拉斯加灣

亞歷山大群島

夏洛特皇后群島

加拿大

平

溫哥華島

美國

密蘇里河

格蘭布拉德沃河

瓜達盧佩島（墨西哥）

北

墨西哥

加利福尼亞海灣

瑪雅文明

拉丁美洲古代瑪雅人創造的輝煌文明，形成於約公元前 1500 年。瑪雅人在建築、天文、數學、文字等方面都取得了很高的成就。他們修建的用來供奉太陽神的巨大金字塔——卡斯蒂略金字塔，如今已成為墨西哥的象徵之一。

洋

墨西哥城

雷維亞希赫多群島（墨西哥）

克利珀頓島

1492 年，意大利人哥倫布在西班牙王室支持下，率船隊來到北美洲，在加勒比地區的西印度群島登陸，發現了這片新大陸。

格陵蘭海

挪威海

歐洲

格陵蘭
（丹麥）

巴芬灣

努克
（戈特霍爾）

戴維斯海峽

福克斯灣

拉布拉多海

哈得孫海峽

哈得孫灣

北美洲
NORTH AMERICA

北美洲全稱"北亞美利加洲"，約有 5.69 億人，以白色人種為主，多是歐洲移民的後裔，通用英語，還有一小部分印第安人和因紐特人等土著居民。

北美洲面積 2422.8 萬平方千米，約佔世界陸地面積的 16.2%，是世界第三大洲。北美洲也是世界經濟第二發達的大洲，現有 23 個獨立國家和十幾個地區，其中美國經濟位居世界首位。美國和加拿大都只有 200 多年的歷史，但在那裏人們可以強烈地感受到現代文明的碩果和移民文化的多樣性，如美國的夏威夷草裙舞、拉斯維加斯夜總會，還有百老匯和好萊塢等全世界知名的文化品牌。

蘇必利爾湖

聖勞倫斯河

渥太華

休倫湖

安大略湖

密歇根湖

伊利湖

華盛頓

密西西比河

大

亞速爾群島
（葡萄牙）

聖皮埃爾和密克隆
（法國）

百慕大（英國）

西

阿茲特克文明

墨西哥的古代阿茲特克人創造的文明，形成於 14 世紀初。阿茲特克帝國有着發達的農業，以玉米、馬鈴薯為主要農作物，還發展了人工灌溉系統。16 世紀時，由於西班牙殖民者的到來，阿茲特克文明逐漸被毀滅。

馬尾藻海

洋

維爾京群島（英國）

維爾京群島（美國）

安圭拉（英國）

聖馬丁（法國）、（荷蘭）

聖巴泰勒米（法國）

安提瓜和巴布達

聖基茨和尼維斯

蒙特塞拉特（英國）

瓜德羅普（法國）

多米尼克

馬提尼克（法國）

聖盧西亞

巴巴多斯

聖文森特和格林納丁斯

格林納達

巴哈馬

拿騷

特克斯和凱科斯群島（英國）

科伯恩城

聖胡安

波多黎各（美國）

佛羅里達海峽

哈瓦那

古巴

尤卡坦海峽

墨西哥灣

喬治敦

開曼群島（英國）

金斯敦

牙買加

聖多明各

多米尼加

太子港

海地

伯利茲

貝爾莫潘

危地馬拉

危地馬拉

洪都拉斯

特古西加爾巴

尼加拉瓜

馬那瓜

薩爾瓦多

聖薩爾瓦多

聖何塞

巴拿馬

科科島
（哥斯達黎加）

哥斯達黎加

加勒比海

阿魯巴
（荷蘭）

庫拉索
（荷蘭）

西班牙港

特立尼達和多巴哥

南美洲

五角大樓
美國國防部的辦公大樓，外觀為五角形

阿拉斯加加冰河灣

馬丁·路德·金
美國民權運動領袖，發表了著名的《我有一個夢想》演說

愛迪生
著名發明家，一生有超過 2000 項發明

馬克·吐溫
著名作家，代表作有《湯姆·索亞歷險記》等

美國紅杉

洛杉磯

白宮
美國總統的居住和辦公場所

馬蹄灣

美洲原住民

牛仔褲

金門大橋

美國短吻鱷

熱狗

埃爾維斯·皮禮士利
享譽世界的搖滾歌手，人稱"貓王"

尼亞加拉瀑布

白頭海雕
美國的國鳥

牛仔

棉花

爆米花

大都會藝術博物館
美國最大的藝術博物館，世界四大博物館之一

帝國大廈
保持世界最高建築地位最久的大樓

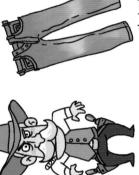

米老鼠

好萊塢 HOLLYWOOD
世界著名的電影中心

黃石公園
世界上最大的國家公園

米高·積遜
著名歌手、舞蹈家，一個讓機械舞舞步風靡世界的人

比華利山莊
全世界最貴的住宅區，被視為財富與名利的代表

感恩節火雞

漢堡、薯條、可樂

哈利電單車

玉米

甜甜圈

漫畫中的超級英雄

CASINO

美國
America

全稱：美利堅合眾國
首都：華盛頓
面積：約 937 萬平方千米
人口：約 3.2 億
官方語言：英語

美國位於北美洲中部，原住民是印第安人。500 多年前，歐洲人陸續移民到這裏，並建立了殖民地。後來，經過獨立戰爭，美國脫離了英國的控制，成為獨立的國家。經過 200 多年歷史發展，僅有 200 多年歷史的美國已經成為了當今世界上最發達的超級大國。

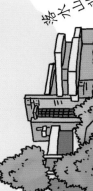

美國簡史
History of America

1 早期歷史

北美洲原是印第安人的聚集地。約 4 萬—5 萬年前，一些亞洲人經過白令海峽到達美洲，這些人就是印第安人的祖先。後來，印第安人中的瑪雅人、阿茲特克人等都曾創造了獨特的文化。

2 發現新大陸

500 多年前，哥倫布開闢新航線時，無意中發現了美大陸，據推測，當時的印第安人有 3000 萬之多。消一傳開，歐洲各國開始派人登陸美洲，原始的印第安無法對抗先進的歐洲國家，遭受了毀滅性打擊。

3 殖民時期

100 多年後，約 100 個英國人在美洲建立了詹姆斯敦，成為英國在北美的第一個永久性殖民地。在殖民地爭奪戰中，當時的強國英國佔了上風，最後在北美的大西洋沿岸建立了 13 個殖民地。

4 波士頓傾茶事件

後來，殖民地與英國出現了矛盾。17年，60 個殖民者將 342 箱茶葉倒進了裏，以抗議英國在殖民地徵收的高額稅，史稱"波士頓傾茶事件"。

喬治·華盛頓
（1732—1799 年）
政治家、軍事家，美國第一任總統。

三權分立：西方的一種政治制度，總（行政）、國會（立法）、聯邦法院（法），三方相對獨立，互相制約。

5 萊克星頓槍聲

1775 年 4 月，殖民地民兵與前來搜查軍火庫的英軍在萊克星頓發生了槍戰，拉開了北美獨立戰爭的序幕。1776 年，北美 13 個殖民地聯合起來，簽署了《獨立宣言》，宣佈脫離英國獨立，美國正式誕生。

6 獨立戰爭

為擺脫英國的控制，獨立建國，北美 13 個殖民地在華盛頓領導下組織軍隊與英軍作戰，最終迫使英軍投降。史稱"美國獨立戰爭"。1783 年，英國被迫承認美國獨立。

7 第一任總統

1787 年，美國成立聯邦政府，確立"三權分立"則。1789 年，開國元勳華盛頓成為美國第一任統，他也是世界上第一位以"總統"為稱號的國元首。

亞洲人到達美洲　　　　　　哥倫布發現美洲　　　　英國在北美洲建立第一個永久性殖民地　　　波士頓傾茶事件　　獨立戰爭爆發

4 萬—5 萬年前　　　　　　1492 年　　　　　　1607 年　　　　　　1773 年　　1775 年

8 西進運動

美國獨立後，展開了長達一個世紀的西進運動，大批移民從美國東部逐漸遷往西部，對後來美國的發展產生了深遠影響。

9 南北戰爭

1860 年，林肯就職第 16 任總統。北方現代工商業與南方種植園奴隸制格格不入，1861 年，南方奴隸主發動叛亂，南方各州紛紛獨立，南北戰爭爆發。歷經 4 年，最終北方獲勝，解放了奴隸，美國重新統一。

奴隸貿易：從 1562 到 1890 年的 328 年間，美洲本土的印第安人被殺得所剩無幾，而且不適合從事繁重的勞動。為了滿足殖民地種植園及礦場對勞動力的需求，歐洲人從非洲將大量黑人作為奴隸販賣到了美洲。

10 戰後重建

美國恢復統一後，急需大量勞動力。於是他們打開國門，吸引了大量歐洲移民。經過不到 50 年的時間，美國完成了工業革命，從一個農村化的國家變成了城市化的國家。

11 一戰期間

一戰期間，美國保持中立，向交戰雙方提供軍火，發了大財。

12 二戰期間

1941 年 12 月 7 日，日本偷襲美國珍珠港，美國正式加入第二次世界大戰。1945 年，美國製造出原子彈，並在日本投下兩顆，迫使日本投降。隨後，二戰結束。

13 美蘇冷戰

二戰後，世界上誕生了美國和蘇聯兩個超級大國，為了爭奪世界霸權，雙方展開了各種競賽，史稱"冷戰"。

14 超級大國

冷戰時期，美國開展"星球大戰計划"，隨後在政治、經濟、科技等方面超過蘇聯。1991 年，蘇聯解體，美國成為世界上唯一的超級大國。

署《獨立宣言》	成立聯邦政府	西進運動開始	南北戰爭開始	一戰開始	加入二戰	美蘇爭霸	成為唯一超級大國
1776 年	1787 年	19 世紀初	1861 年	1914 年	1941 年	1947—1991 年	1991 年

墨西哥

Mexico

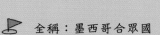

- 全稱：墨西哥合眾國
- 首都：墨西哥城
- 面積：約 196 萬平方千米
- 人口：約 1.2 億
- 官方語言：西班牙語

墨西哥位於北美洲南部，像一座橋樑一樣架在南、北美洲之間。這裏氣候溫和，冬無嚴寒，夏無酷暑，萬木常青，長着眾多的仙人掌，被稱為"仙人掌之國"。這裏有瑪雅、阿茲特克等古代印第安文明遺跡，還有美味的墨西哥卷餅。印第安人最先培育了玉米，因此墨西哥又被稱為"玉米之鄉"。

賞鯨

憲法廣場
過去曾被當做進行物品、奴隸與戰俘交易的地方

鳳頭卡拉鷹

首都大教堂

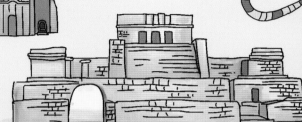

牛奶蛇

圖盧姆遺址

瑪雅人

墨西哥獨立紀念碑

瓜納華托聖母大教堂

弗里達·卡羅
二十一世紀美洲最偉大的女畫家之一

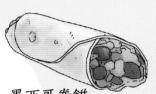

墨西哥卷餅

玉米粽子

墨西哥夾餅

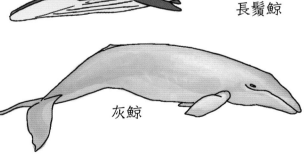

長鬚鯨

灰鯨

金琥

奧爾梅克巨石頭像
用整塊玄武巖雕刻的巨大頭像，代表奧爾梅克文化的著名藝術品

阿茲特克人

巨保羅龍

大麗花

萬壽菊
廣泛用在亡靈節活動中，因為人們認為萬壽菊花瓣能夠保存太陽的熱量，可以安慰地下亡靈

墨西哥"壁畫三傑"

希克羅斯　　奧羅斯科　　里維拉

亡靈節
墨西哥重要的祭奠亡靈的節日，類似於西方的萬聖節

卡特里娜骷髏頭
原為錫版畫角色，現在已經成為墨西哥的重要藝術形象之一，並被廣泛用在亡靈節活動中

人類學博物館

梨果仙人掌

彩虹巨嘴鳥

在珊瑚海域潛水

坎昆水下雕塑博物館
世界上最大的水下博物館，大約有 400 座水下雕塑

奇琴伊察遺址
著名的瑪雅城市遺址

太陽金字塔
特奧蒂瓦坎遺址中古印第安人祭祀太陽神的地方

墨西哥玉米片

莎莎醬
一種用辣椒、番茄、大蒜和洋蔥等製作而成的醬

龍舌蘭酒

龍舌蘭草

龍舌蘭芯
除去葉子後的龍舌蘭芯是龍舌蘭酒的主要製作原料

樹形仙人掌

阿茲特克曆法石
面記錄了阿茲特克人發明的曆法

玉米

米格爾·伊達爾戈
領導墨西哥獨立戰爭的民族英雄，被稱為"墨西哥之父"

"壁畫之都"墨西哥城
在墨西哥首都墨西哥城，隨處可見色彩斑斕的精美壁畫

胡亞雷斯劇院
以墨西哥建國後首位總統的名字命名

辣椒粉

闊邊帽

民間舞蹈"哈拉貝"

墨西哥摔跤

墨西哥狼

懸崖跳水

卡斯蒂略金字塔
古代瑪雅人在 11-13 世紀修建的用來祭祀羽蛇神的神廟，位於古瑪雅城市遺跡奇琴伊察的中心。每年春分和秋分的日出日落時，金字塔北面的階梯上都會投射出羽蛇神的光影，並隨着太陽位置的變化而移動。

墨西哥簡史

History of Mexico

1 玉米的故鄉

墨西哥是美洲大陸印第安人的聚集地之一。9000 多年前，墨西哥人就種植出了玉米。

2 奧爾梅克文明

約 3200 年前，墨西哥出現了奧爾梅克文明，這是已知的最古老美洲文明。它的發祥地處於洪泛區和沼澤地之間，炎熱多雨，有成片的橡膠樹，因此這裏的人被稱為"奧爾梅克人"，意為"膠之鄉的人"。

3 特奧蒂瓦坎文明

2000 多年前，在現在的墨西哥中部，出現了特奧蒂瓦坎文明，約與瑪雅文明同一時期。當時的特奧蒂瓦坎是一座擁有數萬人口的大城市，著名的太陽金字塔、月亮金字塔就在這裏。

伊達爾戈（1753—1811 年）

墨西哥獨立戰爭領導人、民族英雄，被稱為『墨西哥之父』，現在的伊達爾戈州就是以他的名字命名的。

4 阿茲特克帝國

15 世紀時，阿茲特克人在墨西哥中南部建立了強大的阿茲特克帝國，並形成了獨特的阿茲特克文明。

5 西班牙的統治

1519 年，西班牙的殖民來到了墨西哥，他們不僅着武器，還帶來了各種瘟和傳染病，天花、流感、疫……這些流行病造成了地數百萬人喪生。墨西哥淪為西班牙的殖民地。

墨西哥人種植出玉米	奧爾梅克文明出現	特奧蒂瓦坎文明出現
約 9000 年前	約 3200 年前	2000 多年前

6 獨立戰爭

西班牙統治者的殘酷奴役和壓迫導致墨西哥人民在 1810 年發動了大規模起義。起義雖然失敗，但經過人民不懈努力，1824 年，終於建立了墨西哥共和國。

7 美墨戰爭

美國獨立以後，開始了漫長的西進運動。西進運動結束後不久，美國對墨西哥發動進攻，導致墨西哥丟失了很多土地，元氣大傷。

8 法國的統治

趁着墨西哥內戰的時候，法國控制了墨西哥。後來，墨西哥人民英勇抗爭，取得和法國的"第二次獨立戰爭"的勝利。

9 迪亞斯獨裁

1876 年，迪亞斯通過多次政變，奪得了總統寶座，開始了 30 多年的獨裁統治，成為拉丁美洲有名的獨裁總統。

71

10 墨西哥革命

最終，墨西哥爆發革命，很快又陷入幾十年的內戰。後來，墨西哥的政權才被民主黨派輪流掌管，一直持續到今天。

11 今日墨西哥

如今的墨西哥正大力發展經濟，緊跟世界步伐，努力提高國民收入。墨西哥擁有眾多美景和美食，也是旅遊的好去處。

阿茲特克帝國建立	西班牙人入侵墨西哥	墨西哥獨立戰爭爆發	美墨戰爭開始	迪亞斯獨裁	墨西哥革命爆發
15 世紀	1519 年	1810 年	1846 年	1876 年	1910 年

巴拿馬運河
巴拿馬
巴拿馬城

加拉加
委內瑞拉
奧

波哥大

馬爾佩洛島
(哥倫比亞)

哥倫比亞

亞

基多

厄瓜多爾

秘魯

科隆群島
(加拉帕戈斯群島)
(厄瓜多爾)

印加文明

利馬

古代印加人建立的文明，位於南美洲西部、中安第斯山區。印加人原是生活在秘魯山區的一個部落，12世紀時，他們以庫斯科為中心，建立了庫斯科王國，並在15世紀發展為龐大的印加帝國。印加文明與瑪雅文明、阿茲特克文明並稱為"印第安三大古文明"，最終被西班牙殖民者滅亡。

太

平

智
利

薩拉·戈麥斯島
(智利)

聖費利克斯島
(智利)

聖安布羅西奧島
(智利)

復活節島
(智利)

胡安·費爾南德斯群島　(智利)

聖地亞

南美洲
SOUTH AMERICA

洋

　　南美洲全稱"南亞美利加洲"，總面積1785萬平方千米，共有12個獨立國家，人口約4.14億。這裏的巴西高原面積超過500萬平方千米，是世界上最大的高原；亞馬遜平原是世界上面積最大的沖積平原；亞馬遜河是世界上第二長，流域面積最廣，流量最大的河流；安赫爾瀑布落差979米，是世界上落差最大的瀑布。

　　眾多的河流和瀑布孕育了南美洲豐富的水利資源，伊泰普水電站是僅次於中國三峽電站的世界第二大水電站。森林面積佔全洲面積的50%以上，盛產各種珍稀的木材。南美洲民族成份複雜，有印第安人、白人、黑人及各種不同的混血人種。巴西是南美洲面積最大、經濟最發達的國家。

德雷克海峽

喬治敦
帕拉馬里博
圭
亞
那
蘇里南
法屬圭亞那
卡宴

亞馬孫河口

大

河
遜
馬

聖佩德羅-聖保羅巖

費爾南多-迪諾羅尼亞島
（巴西）

巴西

利維亞

克雷

巴西利亞

特林達迪島
（巴西）

馬丁瓦斯群島
（巴西）

西

巴拉圭

巴

亞松森

拉

那

阿根廷

河

烏拉圭
蒙得維的亞

布宜諾斯艾利斯
拉普拉塔河

布蘭卡灣

特里斯坦-達庫尼亞群島

聖馬蒂亞斯灣

洋

印第安人

大約在 4 萬-5 萬年前，印第安人的祖先從北
亞經過白令海峽來到北美洲，隨後逐漸向南
遷徙，大約 1 萬年前分佈到南美洲各地。哥
倫布到達美洲時，以為自己到達的地方是印
度，所以稱當地的土著人為"印第安人"。

戈夫島

馬爾維納斯群島
（阿根廷、英國爭議）
（英稱福克蘭群島）

阿根廷港（斯坦利）

西倫海峽

斯科舍海

南喬治亞島

阿根廷 Argentina

全稱：阿根廷共和國
首都：布宜諾斯艾利斯
面積：約278萬平方千米
人口：約4300多萬
官方語言：西班牙語

阿根廷位於南美洲東南部。"阿根廷"的拉丁文意思是"白銀"。有趣的是阿根廷並不出產白銀，卻有世界最大的銀礦。阿根廷最早的居民是印第安人，殖民時期曾長期處於西班牙統治之下。這裏土地肥沃，草原廣闊，有"世界的糧倉和肉庫"之稱。除了美味的牛肉，阿根廷足球隊和阿根廷探戈舞也聞名世界。

博卡區
一處擁有五顏六色房子的住宅區，鮮豔的色彩十分引人注目

馬普切人
阿根廷人數最多的印第安人部族

聖馬丁廣場

科隆大劇院

豪爾赫·路易斯·博爾赫斯
著名詩人

羊皮皮鞋

五月廣場

阿根廷總統府，又叫"玫瑰宮"
外牆粉飾為粉紅色

足球

何塞·德·聖馬丁
南美洲解放者，為阿根廷、秘魯等國家帶來獨立的英雄

貴族公墓

曼努埃爾·貝爾格拉諾
阿根廷獨立戰爭中的傑出將領

賽波花

雅典人書店
由歌劇院改造而成，被視為世界最美麗的書店之一

洛斯馬諾斯壁畫

門多薩葡萄酒節

紅紋石

"世界盡頭"燈塔
位於世界最南端的城市烏斯懷亞

阿根廷紅蝦

烤餃子

炸肉排

雲間列車
一條穿行在高山峽谷間的列車路線，海拔高度僅次於青藏鐵路

阿根廷烤肉

葡萄酒

糖果盒球場

棕灶鳥

阿根廷牛肉

探戈
一種雙人舞蹈，最初由非洲人帶入阿根廷，現在已經成為阿根廷的象徵之一

毛花柱仙人掌

藍鯨

馬克羅尼企鵝

白頰嘴鷗

麥哲倫企鵝

巖鸕鶿

小麥

始盜龍

恐鶴

阿根廷國會大廈
1887年開始修建，白色的大理石牆面和青銅穹頂等相映生輝，被譽為阿根廷最美的國會大廈之一。

在冰川上行走

馬黛茶
用馬黛樹葉泡的茶

女人橋

國會大廈前有一座紀念碑，雕塑中的女性左手舉手扶犁，代表勞動，代表勝利，右手月桂枝，著著

佩里托·莫雷諾冰川
極地之外最大的冰川之一，現在仍在不斷成長

托爾托尼咖啡館
一座古老的咖啡館，據說藝術家們都喜歡來這裏喝咖啡

方尖碑
布宜諾斯艾利斯的地標

阿根廷簡史
History of Argentina

1 早期文明

阿根廷最早的居民是印第安人，他們在這裏過着原始的農牧採摘生活，種植玉米、土豆、南瓜、扁豆、煙草，製造烈酒。現在的阿根廷人依舊喜歡烈酒。

2 西班牙的統治

16 世紀初，西班牙開始入侵阿根廷。1535 年，門薩帶領的一支西班牙探險隊來到這裏。16 世紀末，宜諾斯艾利斯成為西班牙在阿根廷的殖民統治中心。

3 獨立運動

殘暴的壓迫使印第安人的人口大量減少，並激起印第安人多次起義。1810 年，阿根廷爆發了反抗西班牙統治的"五月革命"。1812 年，阿根廷在民族英雄聖馬丁的領導下，打敗了西班牙人。1816 年，阿根廷宣佈獨立。

何塞 • 德 • 聖馬丁

（1778—1850 年）

阿根廷將軍，南美獨立戰爭領袖之一，與西蒙 • 玻利瓦爾一起被譽為『南美的解放者』。

4 內部紛爭

阿根廷獨立後，又想學美國建立聯邦制政府，又想學西班牙建立強有力的中央集權政體，人們意見不統一，還發生了內戰，一打就是幾十年，最後還是選擇走學習美國的制度。

5 短暫的春天

國家穩定後，阿根廷得到了快速的發展，短短幾十年就變得非常富裕，一度成為世界強國之一。人們紛紛移民阿根廷。首都布宜諾斯艾利斯也從"大農村"變成國際化的"南美巴黎"。

6 危機來臨

經過了短暫的繁榮，阿根廷迎來了大蕭條，貧富差距拉大，政變時有發生。沒有跟上工業革命步伐的阿根廷，在兩次世界大戰爆發時，農產品滯銷，經濟一落千丈，國家再次陷入混亂狀態。

7 二戰期間

二戰期間，阿根廷是親軸心國的中立國，在戰爭快結束時，倒向了盟軍，成為戰勝國。

9 經濟發展

雖然經歷了比較嚴重的經濟危機，但如今的阿根廷仍然是拉美地區綜合國力較強的國家。

8 馬島戰爭

為了緩解國內矛盾，1982 年，阿根廷和英國因為馬爾維納斯群島（英國稱"福克蘭群島"）主權爭端，爆發了"馬島戰爭"。阿根廷最終戰敗。

五月革命爆發	阿根廷宣佈獨立	成立阿根廷聯邦共和國	馬島戰爭爆發	阿根廷開始振興
1810 年	1816 年	1853 年	1982 年	1989 年

足球

印加聖谷

檸檬汁醃魚
檸檬汁腌製的魚肉，
搭配當地產的玉米和
紅薯一起食用

總統府衛兵

庫斯科教堂

羊駝毛披肩

納斯卡大地畫

火炎竹節蟲

印加可樂

大羊駝

小羊駝

蘇利羊駝

紅薯

克丘亞人
秘魯原住民之一，
祖先為印加人

馬拉斯鹽田

香蒲草小船
用蘆葦和香蒲編織而成，在
當地叫"托托拉"。古代印
第安人常划着這種小船在湖
中捕魚

克丘亞帽子

武器廣場
位於首都利馬，周圍有政府宮、
教堂等，是利馬的中心

亞馬遜王蓮

印第安排簫

秘魯炒牛肉

瑪努國家公園

金雞納樹

馬丘比丘
秘魯著名的古跡，修建於 500
多年前，是古代印加帝國皇室
和貴族在鄉間的休養場所。後
來隨着帝國滅亡而衰落，直到
1911 年才被重新發現。

土豆

海鮮飯

烏魯人生活的浮島

古代烏魯人為躲避印加人侵略而在的的喀喀湖上建立的浮村，現在依然有烏魯人生活在那裏

的的喀喀湖

南美洲最大的淡水湖，也是印第安人的聖湖

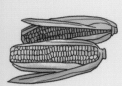

軍金剛鸚鵡

雪蓮果

香蒲

烏魯人

秘魯原住民之一

古柯茶

用古柯葉子泡的茶，可以幫助消除高原反應

各種顏色的玉米

"南美人參"瑪卡

古柯

黃腿象龜

坎塗花

太陽神印蒂

印加人信仰的神明，"印加"即"太陽之子"的意思

紅眼樹蛙

太陽節

印加人祭祀太陽神的節日，被克丘亞人繼承

光明女神蝶

聖弗朗西斯科修道院

皮斯科酒

由葡萄蒸餾釀製而成的烈性酒，堪稱秘魯國酒

亞馬遜熱帶雨林

烤牛心

領西貒

類似豬的小動物

皮薩克周日集市

克丘亞人的小集市

克丘亞語曾是古代印加帝國的國語

美洲獅

秘魯
Peru

全稱：秘魯共和國　　首都：利馬

面積：約 128 萬平方千米

人口：3100 多萬

官方語言：西班牙語

秘魯是南美洲西部的一個國家，古代著名的印加帝國就在這裏。印加人創造了獨特的印加文化，聞名遐邇的馬丘比丘就是印加人的遺址之一。秘魯地形複雜，盛產玉米，"秘魯"一詞在印第安語中便是"玉米之倉"的意思。這裏還有可愛的羊駝、神秘的熱帶雨林、雄偉的安第斯山脈、神奇的流動沙丘……

秘魯簡史
History of Peru

莫奇卡文明時期的雕像

1 早期文明

早在 1 萬多年前，秘魯境內就已經出現了人類活動。秘魯的原始居民是奇楚亞、莫奇卡等印第安人。他們約從公元前 900 年開始，創造了一些早期的美洲古代文明。

2 印加帝國

印加人的祖先原本生活在秘魯的高原地區，後來他們遷徙到庫斯科，建立了庫斯科王國。1438 年，在國王帕查庫蒂的南征北戰之下，庫斯科王國迅速擴張，發展成為印加帝國。印加帝國也是新大陸被發現之前美洲最大的帝國。

3 西班牙入侵

16 世紀時，西班牙殖民者皮薩羅來到秘魯，發現了印加帝國。隨後他們帶來一支 100 多人的軍隊，綁架了印加帝國國王，勒索了大量財寶後又殺了他，印加帝國滅亡。

4 西班牙統治

1544 年，西班牙在秘魯設立總督區，來統治整個南美地區。隨後這些西班牙人又在秘魯大肆侵佔土地，強制推行"米塔制"，奴役當地的印第安人，迫使其從事採礦、種植園等繁重勞動。

再也不能這樣活！

5 印第安人起義

為反抗西班牙的殖民統治，印第安人進行了多次起義，但是都失敗了。

6 解放運動

西班牙的統治持續了將近 300 年，後來阿根廷人聖馬丁與委內瑞拉人玻利瓦爾，在南美掀起了一場反殖民的獨立運動。1821 年，聖馬丁奇襲總督府，打敗了西班牙人，秘魯獲得了獨立，成立了共和國。

獨 立

秘魯出現人類活動	早期文明出現	印加帝國建立	西班牙入侵秘魯	西班牙建立秘魯總督區
約 1 萬年前	約公元前 900 年	1438 年	1531 年	1544 年

7 鳥糞時代

秘魯沿海的島嶼上，聚集着無數的海鳥，它們吃完魚蝦，就到島上休息、排便。幾千年來，島上的鳥糞堆積如山。而歐洲發展農業恰好需要大量肥料，便大量進口鳥糞，這讓秘魯發了大財，成為南美洲最富裕的國家之一。然而幾十年後化肥的出現，終結了"鳥糞時代"。

8 硝石之爭

鳥糞不行後，秘魯開始開發硝石，但是硝石生意都控制在智利手裏。於是秘魯聯合玻利維亞，與智利搶奪硝石出口生意，引發了"南美太平洋戰爭"。秘魯和玻利維亞很快就被智利打敗，不但丟掉了硝石產地，還引起了國內的混亂。

 硝石：
製作火柴、火藥的重要原料。

9 巨額外債

一連串的危機，導致秘魯陷入財政困難，欠下巨額外債。"南美太平洋戰爭"後，秘魯將鐵路交給了英國公司運營，簽約 66 年來抵償債務，同時每年還要向債權人提供 300 萬噸鳥糞，這才暫緩困局。

西蒙·玻利瓦爾
（1783—1830 年）
解放南美的大英雄。

81

10 工業時代

1895 年，秘魯開始了"工業時代"。一些私人企業在政府的資助下紛紛建立，工礦業、紡織業等也穩步發展起來。到第一次世界大戰期間，秘魯工業產品大量出口，一些美國資本家開始壟斷並控制秘魯的重要生產部門，如礦物和石油等。

11 民族運動

20 世紀中後期，秘魯出現了民族民主運動，罷工頻發。1968 年，以阿爾瓦拉多為首的軍人集團發動政變，建立軍政府，宣佈沒收美國控制的石油公司和一些工廠、種植園，實行企業國有化。

洋

夏威夷群島
（美國）

麥哲倫

1512 年，葡萄牙人首先航經大洋洲。
1521 年，葡萄牙人麥哲倫隨船隊途
徑大洋洲，並開闢了航線。之後，歐
洲人開始陸續來到大洋洲進行探索和
開發。

約翰斯頓島
（美國）

金曼礁（美國）
巴爾米拉環礁（美國）

豪蘭島（美國）

貝克島（美國）

聖誕島
（基里巴斯）

基里巴斯

賈維斯島
（美國）

菲尼克斯群島
（基里巴斯）

巴布亞

在 4 萬多年前的冰河時期，大洋洲土著人的祖
先從東南亞穿越大陸橋和淺灘來到這裏。當
歐洲人來到這裏時，見當地土著人多為捲髮，
所以稱他們為"巴布亞"，馬來語意為"捲髮的
人"。當時的土著居民還過着非常原始的漁獵
採摘生活。

圖瓦盧

富納富提

托克勞
（新西蘭）

千年島
（基里巴斯）

馬克薩斯群島
（法國）

瓦利斯和富圖納
（法國）

薩摩亞

美屬薩摩亞

馬塔烏圖

阿皮亞　帕果帕果

斐濟

蘇瓦

紐埃

阿洛菲

庫克群島

帕皮提

湯加

努庫阿洛法

法屬波利尼西亞

阿瓦魯阿

海

克馬德克群島
（新西蘭）

亞當斯敦

大洋洲
OCEANIA

皮特凱恩群島
（英國）

惠靈頓

　　大洋洲包括一塊澳大利亞大陸和上萬個島嶼，陸地總面積 897 萬平
方千米，是地球面積最小的洲，約佔全球陸地面積的 6%。全洲有 16 個
獨立國家和十幾個美英等國的屬地和自治區，總人口約 3900 萬。
　　大洋洲最大的國家是澳大利亞，其東北部的大堡礁是世界最大的珊
瑚礁群，草原面積佔全洲面積的 50% 以上，礦產資源豐富，畜牧業發達。
此外，還有袋鼠、鴯鶓、樹袋熊、鴨嘴獸等獨特動物，前兩種還登上了
澳大利亞的國徽。

查塔姆群島
（新西蘭）

邦蒂群島
（新西蘭）

戴恩樹熱帶雨林

海葵

艾爾斯巖石
世界上最大的獨體巖石,位於澳大利亞的沙漠中,巖石顏色會隨着季節變化而改變,是澳大利亞著名的自然地標

華納兄弟電影世界主題公園

迪吉里杜管
原住民的傳統樂器

迴旋鏢
原住民的狩獵工具

袋獾
一種被稱作"塔斯馬尼亞惡魔"的有袋類肉食動物,外形類似小狗

悉尼巖蠔

小藍企鵝
世界上最小的企鵝

帕夫洛娃蛋糕

海星

珊瑚

雪蟹

樹熊

維吉麥
一種深棕色的鹹味醬,是用釀酒的副產品加工而得到的

卡塔丘塔石陣

奧特韋海角燈塔

東部灰大袋鼠

原住民居住的小屋

約翰·莫納什
一戰中的澳軍將領,被視為澳洲英雄

澳大利亞箱型水母

耐麗·梅爾巴
著名的女高音歌唱家

布萊德斯托薰衣草農場
南半球最大的薰衣草農場

潛水

珍珠養殖

鴯鶓

酒杯灣
因為形狀酷似酒杯而得名

澳洲鴨腳木

戴維·烏奈龐
著名的原住民作家、發明家

金蒲桃

綿羊

墨爾本聖保羅大教堂

澳大利亞
Australia

全稱：澳大利亞聯邦

首都：堪培拉

面積：約 769 萬平方千米

人口：2300 多萬 官方語言：英語

歐洲人最早發現這裏時，誤認為這裏是通往"南極"的陸地，因此取名"澳大利亞"，意思是"南方的大陸"。澳大利亞四面環海，如同世外桃源，是世界上唯一國土覆蓋整個大陸的國家。它地廣人稀，擁有很多獨特的動植物和自然景觀，是"世界活化石博物館"。袋鼠、鴯鶓、考拉、鴨嘴獸都是這裏特有的動物。

澳洲堅果

澳洲巖龍蝦

羊絨毯

澳式橄欖球

紅袋鼠

藍山國家公園

班卓·帕特森
著名詩人

十二使徒巖
立於海邊的巖石陣，因外形酷似耶穌的"十二使徒"而得名，不過現在只剩下七塊巖石

衝浪

海灣大橋
世界上最大的拱橋，遊客可以爬到頂端眺望對面的悉尼歌劇院

悉尼歌劇院
世界著名的表演藝術中心，也是悉尼的地標建築。建成於 1973 年，設計者為丹麥設計師約恩·烏松。極具特色的貝殼狀屋頂如同風帆一般面朝大海展開，成為家喻戶曉的經典造型。

雙門齒獸
最大的有袋類動物，約 160 萬年前出現，4 萬年前消失

沙灘排球

澳大利亞
原住民

古今藝術博物館
澳大利亞最大的私人博物館，有"成人迪士尼樂園"之稱

尖峰石陣

摩爾大蘇鐵

鴨嘴獸

澳大利亞簡史

History of Australia

1 板塊漂移

大約在 5000 萬年前,澳大利亞大陸同其他大陸分離,孤立存在於南半球的海洋上。長期以來,由於大陸與世隔絕,其物種獨立進化,因此保留下了很多原始動物,如袋鼠、鴨嘴獸等。

2 漂洋過海的祖先

早在 4 萬多年前,土著人便生活在澳大利亞大陸上。他們的祖先是從東南亞過來的,那時候澳大利亞周圍海水很淺,他們駕着獨木舟越過了一個又一個島嶼,來到了澳大利亞,後來海平面升高,他們就再也沒回去。

3 歐洲的客人

1606 年,荷蘭人登上了澳大利亞的海岸,將澳大利亞大陸稱為"新荷蘭"。後來,西班牙、法國、英國等其他歐洲國家的人也相繼來到了這裏。

4 新南威爾士

1770 年,英國航海家遠航太平洋,發現了澳大利亞的東海岸,宣佈這片土地歸英國所有,並命名為"新南威爾士"。

5 流放囚犯的地方

起初,英國政府把澳大利亞當成"天然的監獄",把本土關不下的囚犯都運到新南威爾士。1788 年,第一任殖民地總督阿瑟·菲利普帶着第一批 700 多名囚犯到達這裏,並在港口建立了第一個英國殖民區。這個地方後來成為澳大利亞第一大城市悉尼。

約翰·莫納什 (1865—1931 年)

第一次世界大戰的澳新軍團(澳大利亞與新西蘭軍團)司令,澳大利亞的傳奇英雄人物。現在的澳大利亞莫納什大學就是為紀念他而建立的。

土著居民　　　　　　　　　　　　　　　　　　　　　　　　　　　荷蘭人登陸澳大利亞　　　新南威爾士

4 萬多年前　　　　　　　　　　　　　　　　　　　　　　　　　　　　1606 年　　　1770 年

6 騎在羊背上的國家

歐洲移民還帶來了綿羊。澳大利亞水草肥美，又沒有狼，羊越養越多，澳大利亞很快成為優質羊毛的產地。現在澳大利亞也是世界上放養綿羊數量和出口羊毛最多的國家，被稱為"騎在羊背上的國家"。

7 淘金熱

隨後，澳大利亞又發掘出了巨大的金礦，很快吸引了大量的外國移民來此淘金。澳大利亞的人口與財富因此暴漲。

8 坐在礦車上的國家

來淘金的人不但發現了金礦，還找到了其他豐富的礦藏，比如鐵礦、銅礦、煤礦和各種稀有金屬，採礦業在澳大利亞也越來越發達。直到今天，澳大利亞還是世界上礦產出口最多的國家，被稱為"坐在礦車上的國家"。

87

9 成立聯邦

1900 年，澳大利亞殖民地的居民投票決定成立一個聯邦國家。後來，英國承認了澳大利亞的自治權，澳大利亞成為英聯邦的一個獨立國家。

10 參加二戰

第二次世界大戰爆發後，澳大利亞積極參戰，為二戰勝利做出了貢獻。

11 移民國家

戰後的澳大利亞積極鼓勵移民，使其成為一個包容的多元文化移民國家。

索引

歷史人物

名勝、古跡與文物

索引

古代文明與文化藝術

索引

歷史大事件